DESLOCALIZAÇÃO

TENDÊNCIAS CRÍTICAS EM ECONOMIA E GESTÃO

Actual Editora
Conjuntura Actual Editora, S. A.

Missão
Editar livros no domínio da Gestão e da Economia e tornar-se uma editora de referência nestas áreas. Ser reconhecida pela sua qualidade técnica, **actualidade** e relevância de conteúdos, imagem e *design* inovador.

Visão
Apostar na facilidade e compreensão de conceitos e ideias que contribuam para informar e formar estudantes, professores, gestores e todos os interessados, para que através do seu contributo participem na melhoria da sociedade e gestão das empresas em Portugal e nos países de língua oficial portuguesa.

Estímulos
Encontrar novas edições interessantes e **actuais** para as necessidades e expectativas dos leitores das áreas de Economia e de Gestão. Investir na qualidade das traduções técnicas. Adequar o preço às necessidades do mercado. Oferecer um *design* de excelência e contemporâneo. Apresentar uma leitura fácil através de uma paginação estudada. Facilitar o acesso ao livro, por intermédio de vendas especiais, *website, marketing,* etc.
Transformar um livro técnico num produto atractivo. Produzir um livro acessível e que, pelas suas características, seja **actual** e inovador no mercado.

DESLOCALIZAÇÃO

TENDÊNCIAS CRÍTICAS EM ECONOMIA E GESTÃO

Editado por **DIANA FARRELL**

www.actualeditora.com
Lisboa — Portugal

Actual Editora
Conjuntura Actual Editora, S. A.
Rua Luciano Cordeiro, 123 - 1° Esq.
1069-157 Lisboa
Portugal

TEL: (+351) 21 3190240
FAX: (+351) 21 3190249

Website: www.actualeditora.com

Título original: *Offshoring. Understanding the Emerging Global Labor Market*
Copyright © 2006 McKinsey & Company, Inc.

Edição original publicada por Harvard Business School Publishing Corporation. Publicado segundo contrato com Harvard Business Press.

Edição: Actual Editora – Abril de 2009
Todos os direitos para a publicação desta obra em Portugal reservados por Conjuntura Actual Editora, S. A.
Tradução: Miguel Menezes
Revisão: Marta Pereira da Silva
Design **da capa:** Brill Design UK
Paginação: Fernando Mateus
Gráfica: Guide – Artes Gráficas, L.da
Depósito legal: 292749/09
ISBN: 978-989-8101-52-5

Nenhuma parte deste livro pode ser utilizada ou reproduzida, no todo ou em parte, por qualquer processo mecânico, fotográfico, electrónico ou de gravação, ou qualquer outra forma copiada, para uso público ou privado (além do uso legal como breve citação em artigos e críticas) sem autorização prévia por escrito da Conjuntura Actual Editora.
Este livro não pode ser emprestado, revendido, alugado ou estar disponível em qualquer forma comercial que não seja o seu actual formato sem o consentimento da sua editora.

Vendas especiais:
O presente livro está disponível com descontos especiais para compras de maior volume para grupos empresariais, associações, universidades, escolas de formação e outras entidades interessadas. Edições especiais, incluindo capa personalizada para grupos empresariais, podem ser encomendadas à editora. Para mais informações contactar Conjuntura Actual Editora, S. A.

SOBRE A SÉRIE MGI

O McKinsey Global Institute (MGI) foi fundado em 1990 como um *think tank* independente sobre temas económicos inserido no âmbito da McKinsey & Company, a consultora de gestão, de forma a gerar investigação inovadora em temas económicos de importância crucial. O seu objectivo principal é produzir ensinamentos e factos sobre o desenvolvimento da economia global, para apoiar líderes empresariais, gestores e políticos na tomada de decisão.

A presente antologia de artigos publicados pelo MGI faz parte de um conjunto de três livros. Cada um apresenta conclusões retiradas dos principais projectos de investigação levados a cabo pelo MGI, em particular no decurso dos últimos cinco anos, oferecendo uma nova luz sobre temas relacionados.

A SÉRIE MGI:
1) O IMPERATIVO DA PRODUTIVIDADE

Os artigos deste livro demonstram como e porquê o nível de produtividade numa economia – o rácio *output/input* – é o factor determinante da sua taxa de crescimento. Através de estudos a várias economias localizadas em diferentes pontos do globo, quer desenvolvidas ou emergentes, o MGI avaliou os níveis de produtividade dos vários sectores e analisou como podem ser melhorados.

2) DESLOCALIZAÇÃO: COMPREENDER O MERCADO DE TRABALHO GLOBAL EMERGENTE

Este livro da série de antologias contém artigos que procuram identificar a extensão provável da deslocalização e como empresários, gestores e políticos nos dois lados deste mercado de trabalho global emergente poderão melhorar a gestão deste fenómeno. A chave não é limitar a deslocalização, mas antes garantir que os ganhos resultantes sejam dirigidos aos que efectivamente perdem com este fenómeno.

3) MOTIVAR O CRESCIMENTO: ELIMINAR BARREIRAS À PROSPERIDADE GLOBAL

Este livro descreve as três barreiras à melhoria da produtividade que surgiam com mais frequência nos estudos do MGI sobre a produtividade de vários países.

ÍNDICE

Introdução: Compreender a deslocalização		11
1.	Analisar o mercado de trabalho global emergente	19
2.	Assegurar o futuro da deslocalização na Índia	37
3.	A aparente escassez de talento na China	53
4.	Quem ganha com a deslocalização?	67
5.	A verdade sobre o investimento directo estrangeiro nos mercados emergentes	77
6.	A deslocalização e algo mais	95
7.	Deslocalização inteligente	113
8.	A deslocalização nos EUA: repensar a resposta	135
9.	Como a França e a Alemanha podem beneficiar da deslocalização	155
10.	Governar a globalização	171
Notas		174
Sobre os autores		182

Introdução
COMPREENDER A DESLOCALIZAÇÃO

A deslocalização não é consensual. Os decisores, os executivos e os líderes de opinião têm fortes convicções, e frequentemente contraditórias, sobre a prática crescente de as empresas de economias desenvolvidas contratarem licenciados em mercados emergentes, onde os custos com a mão-de-obra são mais reduzidos, para executar funções de serviços antes realizadas nos países de origem. À medida que a variedade de tarefas que podem ser deslocalizadas se tem alargado para incluir actividades fundamentais para o desempenho das empresas, designadamente a investigação e a concepção de novos produtos, bem como actividades de *back office* e apoio, também o debate sobre este tema se tornou mais intenso.

Ao longo dos últimos quatro anos, o McKinsey Global Institute (MGI) tem vindo a estudar profundamente o fenómeno da deslocalização. O nosso objectivo é providenciar aos decisores e líderes de opinião, quer públicos ou privados, uma melhor compreensão do âmbito e da economia da deslocalização, bem como os seus efeitos, para que estes possam avaliar as suas opiniões relativamente aos factos e daí chegar a novas conclusões. Esta antologia apresenta o que consideramos serem as nossas contribuições mais substanciais para o debate sobre a deslocalização.

Pode pensar-se que a deslocalização é uma moda recente, mas a relocalização* de empregos para reduzir custos não é novidade. Muitas empresas transformadoras do Nordeste dos EUA, por exemplo, transferiram-se para as zonas Sul e Sudoeste durante os anos de 1980 na tentativa de reduzir custos. A execução de serviços deslocalizados noutros países é simplesmente uma expressão mais recente do mesmo impulso empresarial.

A capacidade para efectuar a deslocalização depende da existência de um conjunto de candidatos noutros locais com qualificações suficientes, de uma discrepância significativa entre as suas expectativas de remuneração e as dos seus pares no mercado interno da empresa, da disseminação de tecnologias de comunicação robustas, de um conjunto de regras comerciais liberalizadas e de uma confiança crescente das empresas na estabilidade dos mercados emergentes. Estas condições têm vindo a ser alcançadas, cada vez mais, pelos mercados emergentes desde meados dos anos de 1990. Condições que favoreceram o desenvolvimento do comércio global de bens e capital um pouco antes. Na deslocalização, assistimos ao desenvolvimento de um mercado de trabalho igualmente global na execução de tarefas que deixaram de estar associadas à sua localização física. O estudo do MGI sobre este mercado de trabalho global emergente está alinhado com a nossa missão de informar os decisores sobre a transição para uma economia global.

A deslocalização tem implicações importantes para as empresas e para os países, quer no lado da "procura", quer no lado da "oferta" do mercado. Ao mais alto nível, a deslocalização representa uma oportunidade para as empresas multinacionais criarem mais valor a um custo mais baixo. Portanto, significa um aumento da produtividade para a economia global. Dito de outra forma, ajuda a criar um "bolo" maior para a população mundial partilhar. Todavia, os

---

* **N. T.** No original, *relocation*.

ganhos obtidos com a deslocalização não fluem automaticamente para todos aqueles que afecta, nomeadamente os trabalhadores nas economias desenvolvidas que são dispensados como resultado disso. E embora a deslocalização resulte no aumento líquido do nível de emprego mundial, na prática significa que todos os empregos de serviços – nos mercados emergentes, bem como nos mercados desenvolvidos – serão encarados como menos seguros. Os trabalhadores têm a percepção de que os seus empregadores podem deslocar-se para outro local a qualquer momento, acompanhando as variações dos custos da mão-de-obra. Os trabalhadores em mercados emergentes podem sentir uma diferença desconcertante entre os horários e as expectativas das empresas deslocalizadas e a prática e os hábitos locais.

Em resumo, a deslocalização é um fenómeno económico com um potencial significativo para aumentar a riqueza mundial. Contudo, aumenta também o ritmo de mudança nas sociedades que afecta, colocando-lhes novos desafios e apresentando aos seus decisores escolhas difíceis. Todos estes aspectos precisam de ser cuidadosamente geridos para que os benefícios da deslocalização se traduzam em ganhos sociais líquidos nos mercados emergentes e nos desenvolvidos. Esta antologia pretende ajudar os decisores a gerir melhor a deslocalização.

Incluímos aqui dez artigos publicados pelo MGI sobre este tema, organizados em quatro secções:

1. ANALISAR O MERCADO DE TRABALHO GLOBAL EMERGENTE

O impacto da deslocalização, quer nos países desenvolvidos, quer nos mercados emergentes, depende da sua potencial magnitude e do seu ritmo de desenvolvimento. O artigo "Analisar o mercado de trabalho global emergente" estima a procura e a oferta global de talento deslocalizado em ocupações de serviços como engenharia, contabilidade, investigação e desenvolvimento (I&D) e ocupações generalistas. Do lado da procura, estimamos a proporção de todos os empregos de serviços que poderiam ser executados remotamente, quantos desses empregos estão actualmente a ser executados em deslocalização e qual a evolução esperada até 2008. Do lado da oferta, estimamos o conjunto total de licenciados qualificados nos mercados emergentes e a fracção desse conjunto simultaneamente habilitada e disponível para trabalhar em empresas multinacionais, categorizados por ocupação; e estimamos a oferta futura de talento deslocalizado até 2008. A informação ilustra que, embora a deslocalização esteja a crescer rapidamente, continua a ser um fenómeno de uma dimensão muito inferior ao que poderia ser em teoria e é provável que continue a ser assim.

A China e a Índia agigantam-se no mercado de trabalho global simplesmente devido à sua dimensão. Até ao momento, a Índia tem ultrapassado largamente a China na atracção de empregos deslocalizados. O subcontinente desenvolveu um sector formidável de Tecnologias de Informação (TI) e de processamento de negócios, com várias empresas de classe mundial. Não obstante, mesmo a oferta de licenciados na Índia não é infinita. Em algumas zonas do país, a procura por engenheiros já quase igualou a oferta e os salários estão a aumentar. O artigo "Assegurar o futuro da deslocalização na Índia" recomenda alterações de políticas necessárias na Índia para assegurar que este novo mercado global, que hoje já é uma importante fonte de crescimento, seja um contribuinte igualmente importante para a prosperidade da Índia nos próximos anos. O artigo "A aparente escassez de talento na China" ilustra como a oferta de licenciados qualificados para trabalho profissional de serviços em empresas multinacionais, embora imensa, não será suficientemente grande para satisfazer a procura na China, quer de empresas estrangeiras, quer de empresas nacionais, a não ser que os decisores consigam implementar alterações profundas no sistema educacional do país.

2. CONTEXTUALIZAR A DESLOCALIZAÇÃO

A tendência para a deslocalização provoca uma controvérsia política tanto nos países desenvolvidos, onde pode dispensar trabalhadores, como nos mercados emergentes, onde os decisores se preocupam com o facto de as empresas estrangeiras eliminarem as já existentes e explorarem os trabalhadores. Os decisores nos dois conjuntos de países têm, em resposta, procurado encontrar medidas que acabem com a deslocalização ou que limitem o seu efeito.

Isso seria um erro. O artigo "Quem ganha com a deslocalização?" demonstra como a deslocalização cria riqueza para a economia norte-americana como um todo, mesmo que alguns trabalhadores percam os seus empregos.

Da perspectiva dos mercados emergentes, a deslocalização é apenas uma nova variante do Investimento Directo Estrangeiro (IDE). Como tal, o nosso estudo mostra que a deslocalização será benéfica para a sua economia a nível global, mesmo que algumas empresas nacionais já estabelecidas percam quota de mercado. O artigo "A verdade sobre o investimento directo estrangeiro nos mercados emergentes" descreve o estudo a partir do qual chegámos a essa conclusão. O MGI descobriu, através da análise dos efeitos do IDE, quer na indústria de serviços, quer na indústria transformadora, no Brasil, na China, na Índia e no México, que ele melhora substancialmente o nível de vida local e cria bons empregos. Adicionalmente, descobriu-se que os licenciados locais contratados por empresas deslocalizadas prosseguem frequentemente com a criação da sua própria empresa; muitos dos executivos que hoje trabalham para gigantes da deslocalização indianos iniciaram as suas carreiras em empresas estrangeiras.

3. APROVEITAR A OPORTUNIDADE DA DESLOCALIZAÇÃO

Como e onde deslocalizar são decisões estratégicas fundamentais que os gestores de topo nas médias e grandes empresas hoje enfrentam. Os ganhos potenciais podem ser imensos, mas existe igualmente espaço para se cometerem erros dispendiosos.

Hoje, a maioria das empresas tem estado a executar em locais deslocalizados mais ou menos as mesmas tarefas que executa internamente, da mesma forma mas a um custo mais baixo. No entanto, a diferença nos mercados emergentes do rácio entre custo de mão-de-obra e custo de capital significa que processos deslocalizados reconcebidos podem ser muito mais produtivos. O artigo "A deslocalização e algo mais" analisa essas oportunidades.

Até ao momento, as empresas que optam pela deslocalização têm tendencialmente escolhido cidades onde outras empresas se instalaram antes. Consequentemente, alguns locais que atraem a deslocalização, como Praga e Bangalore, já estão a sofrer uma escassez de mão-de-obra e uma subida rápida dos salários, apesar de a oferta de trabalhadores qualificados nos mercados emergentes, como um todo, ser abundante. O artigo "Deslocalização inteligente" recomenda às empresas uma abordagem analítica para a selecção do local óptimo para deslocalizar. Quando as empresas escolhem com maior cuidado, a procura de talento deslocalizado será distribuída de forma mais uniforme pelos mercados emergentes onde a oferta é abundante e as empresas serão capazes de usufruir por mais tempo da vantagem que resulta da deslocalização.

4. REPENSAR A RESPOSTA POLÍTICA

A quarta secção analisa as opções políticas que a deslocalização apresenta aos líderes políticos nas economias desenvolvidas e recomenda as escolhas. Os estudos do MGI têm demonstrado que os ganhos líquidos da deslocalização para a economia norte-americana são inequívocos. Não obstante, existem apelos para refrear a deslocalização a partir dos EUA, motivados pelos receios do seu impacto no mercado de trabalho interno. O artigo "A deslocalização nos EUA: repensar a resposta" demonstra como aprovar regulação contra a deslocalização seria um erro. Em vez disso, o governo e as empresas deveriam utilizar parte dos ganhos obtidos com a deslocalização para ajudar a contrabalançar as adversidades sentidas por aqueles que perdem os seus empregos em resultado disso e para preparar a força de trabalho em geral para o ritmo crescente de mudança de emprego que acompanha a concorrência global, mais aberta.

As economias europeias destacam-se entre os novos empregadores deslocalizados, porém muitas enfrentam um desafio diferente. O nosso estudo demonstra como as economias francesa e alemã irão sofrer perdas com a deslocalização, a não ser que ajustem as suas políticas internas para encorajar uma reintegração mais rápida dos trabalhadores no mercado de trabalho. As suas empresas deslocalizadas são avessas a investir os ganhos daí resultantes em projectos geradores de emprego no país de origem, onde as regulações sobre o mercado de trabalho tornam a contratação de trabalhadores muito onerosa. O artigo "Como a França e a Alemanha podem beneficiar da deslocalização" explica como uma alteração da política para o mercado de trabalho, que torne a contratação de trabalhadores no país de origem mais atractiva para as empresas, pode contrariar essa perda, permitindo a esses países apropriar-se dos mesmos benefícios económicos líquidos que os EUA obtêm.

"Governar a globalização", o nosso artigo de conclusão, incita as empresas e os governos, de igual forma, a fazer mais para apoiar aqueles trabalhadores que são adversamente afectados pela deslocalização, especialmente ajudando-os a fazer a transição para um novo emprego.

A deslocalização representa um novo mercado de trabalho global que se tornou possível devido às tecnologias actuais e a uma maior integração entre as economias emergentes e as economias desenvolvidas. Os seus efeitos podem ser tanto positivos como negativos. Mas se os decisores forem capazes de compreender o fenómeno e de o gerir adequadamente, acreditamos que o impacto da deslocalização será largamente positivo para todas as sociedades que a adoptem.

DIANA FARRELL
Directora adjunta do Conselho Económico Nacional dos EUA e conselheira adjunta do Presidente dos EUA, Barack Obama, para a área económica.[*]

---

[*] N. T. Foi a directora do McKinsey Global Institute até Janeiro de 2009.

1
ANALISAR O MERCADO DE TRABALHO GLOBAL EMERGENTE

Diana Farrell, Martha A. Laboissière e Jaeson Rosenfeld

SÍNTESE:

As reduções no custo das telecomunicações globais estão a produzir o equivalente a um mercado único de empregos que podem ser executados em áreas remotas.

Actualmente, esse mercado global é pequeno. Mas à medida que cresce, a procura de mão-de-obra deslocalizada pelas empresas dos países desenvolvidos irá afectar gradualmente os níveis salariais e de emprego dos países em desenvolvimento.

É improvável que a deslocalização provoque descontinuidades bruscas nos níveis globais de emprego e nos salários dos países desenvolvidos.

Quer as empresas quer os países podem adoptar medidas específicas para ajudar a equilibrar a oferta e a procura de forma mais eficiente neste mercado global nascente.

O tema da deslocalização gera grandes diferenças de pensamento entre decisores, executivos e líderes de opinião. Alguns têm argumentado que quase todos os empregos de serviços irão acabar por ser transferidos das economias desenvolvidas para as economias com salários baixos.[1] Outros afirmam que o aumento dos salários em cidades como Praga e Bangalore indiciam que a oferta de talento deslocalizado já começa a escassear.[2]

Em grande medida, estas divergências reflectem a confusão em torno do novo mercado de trabalho global, integrador e ainda ineficiente. Tal como a mudança de paradigma tecnológico tem tornado possível a integração dos mercados de capitais globais num único mercado para poupanças e investimento, também as comunicações digitais estão a criar, efectivamente, um mercado global único para aqueles empregos que podem agora, graças às TI, ser executados em áreas remotas, distantes de clientes e colegas.

A nova natureza integradora deste mercado de trabalho global tem implicações estratégicas e tácticas tanto para as empresas como para os países. No entanto, a informação e o esclarecimento sobre o mercado são escassas, e os executivos e os decisores possuem pouco de cada um deles para tomar as decisões que enfrentam. Para ajudar os governos e as empresas, tanto nas economias com salários baixos, como nas economias com salários elevados, o McKinsey Global Institute analisou a potencial disponibilidade de talento deslocalizado em 28 países com salários baixos e a sua procura previsível nos empregos de serviços em oito sectores do mundo desenvolvido (escolhidos como uma representação transversal da economia global): automóvel (apenas empregos de serviços), serviços financeiros, cuidados de saúde, seguros, serviços de TI, pacotes de *software*, farmacêutico (apenas empregos de serviços) e retalho. Estes sectores proporcionam cerca de 23 por cento dos empregos não agrícolas nos países desenvolvidos.

O estudo,[3] que projecta as tendências até 2008, pretende estimar a dinâmica da oferta e da procura para o talento deslocalizado em serviços ao nível ocupacional, sectorial e global e, portanto, o impacto previsível, quer no emprego, quer nos salários, nos próximos anos.[4]

A análise do MGI proporciona uma visão panorâmica da deslocalização de serviços, bem como algumas conclusões úteis, incluindo:

- A deslocalização continuará, provavelmente, a gerar um mercado de trabalho global relativamente pequeno – um mercado que não ameaça, com descontinuidades bruscas, os níveis globais de emprego e de salários nos países desenvolvidos.

- A procura de mão-de-obra deslocalizada pelas empresas no mundo desenvolvido irá fazer aumentar cada vez mais os salários auferidos por algumas ocupações nos países com salários baixos, mas sem chegar ao nível actual dos salários das mesmas ocupações nos países desenvolvidos.

- A potencial oferta global e a previsível procura de talento deslocalizado não são combinadas de forma eficiente, com a procura a superar a oferta nalguns locais e a oferta a superar a procura noutros.

Quanto mais eficiente for o funcionamento do mercado de trabalho global emergente, naturalmente maior valor este irá criar para os seus participantes, afectando recursos de forma mais económica. Tanto as empresas, como os países, podem adoptar medidas para aumentar a sua eficiência no equilíbrio da procura e da oferta.

A PROCURA DE TALENTO DESLOCALIZADO

De forma genérica, qualquer pessoa no mundo adequadamente qualificada poderia executar qualquer tarefa que não implique conhecimento local substancial nem interacção física ou complexa entre um colaborador e os clientes ou colegas. Utilizando estes critérios, estimamos que 11 por cento dos empregos de serviços no mundo poderiam ser executados numa área remota.

Como é óbvio, alguns sectores proporcionam um número invulgarmente elevado destes empregos. Como regra, as indústrias com mais funções de interacção com clientes apresentam um menor potencial a esse respeito. Consequentemente, o sector do retalho, no qual a grande maioria dos colaboradores trabalha em lojas, poderia deslocalizar apenas três por cento dos seus empregos até 2008. Contudo, porque o sector retalhista é um dos maiores empregadores no mundo, tal seria equivalente a 4,9 milhões de empregos. Em contraste, até 2008 já será possível executar remotamente quase cerca de metade de todos os empregos na indústria de pacotes de *software*; mas neste negócio, claramente de trabalho menos intensivo, tal representa apenas 340 mil empregos.

Algumas ocupações estão também mais predispostas do que outras para o trabalho remoto. A mais predisposta é a engenharia, por um lado, e as finanças e a contabilidade, por outro (52 e 31 por cento, respectivamente). O trabalho dos colaboradores generalistas e de apoio está muito menos predisposto (nove e três por cento, respectivamente), pois há uma grande interacção com os seus clientes ou colegas. Mas como os colaboradores generalistas e de apoio estão presentes em todas as indústrias, proporcionam o maior número absoluto de empregos que o talento remoto pode preencher: um total de 26 milhões.

Na prática, apenas uma pequena fracção dos empregos que poderiam ser deslocalizados o será efectivamente. Hoje, cerca de 565 mil empregos de serviços, nos oito sectores que analisámos, foram deslocalizados para países com salários baixos. Até 2008, esse número irá aumentar para 1,2 milhões. Extrapolando esses números para toda a economia global, estimamos que o emprego deslocalizado total irá passar de 1,5 milhões de empregos em 2003 para 4,1 milhões em 2008 – apenas um por cento do número total de empregos de serviços nos países desenvolvidos. Para inserir este número num contexto (não pretendendo ser, no entanto, uma comparação directa), tenha em consideração que uma média mensal de 4,5 milhões de pessoas nos EUA começou a trabalhar para um novo empregador no ano que termina em Março de 2005.[5]

Por que existe uma diferença tão grande entre o número potencial e o número de empregos verdadeiramente deslocalizados? Muitos observadores consideram que existem barreiras regulatórias que se opõem a essa transição, mas as entrevistas conduzidas pelo MGI indicam que existem considerações específicas das empresas (como a atitude da gestão, a estrutura organizacional e a escala) que são geralmente dissuasores mais fortes.[6] As empresas citam, por exemplo, pressões de custo como o principal incentivo para a contratação de mão-de-obra deslocalizada, mas a intensidade das pressões de custo é diferente por sector. Muitas empresas não têm escala suficiente para justificar os custos da deslocalização. Outras descobrem que as funções que poderiam deslocalizar em teoria têm, na verdade, de se localizar onde estão porque os seus processos internos são demasiado complexos. Frequentemente, os gestores sentem-se inseguros a supervisionar unidades no outro lado do mundo ou têm pouca disposição para assumir o transtorno de viagens adicionais.

A OFERTA DE TALENTO EM PAÍSES COM SALÁRIOS BAIXOS

Do lado da oferta, os países em desenvolvimento produzem muito menos licenciados qualificados para trabalharem em empresas multinacionais do que informação não tratada sugere. No entanto, a oferta potencial de colaboradores adequados é grande e está a aumentar rapidamente, e em alguns pequenos países produzem um número surpreendente de licenciados.

Os 28 países com salários baixos que estudámos têm cerca de 33 milhões de jovens profissionais: licenciados com até sete anos de experiência.[7] Os oito países com salários mais altos no nosso estudo têm cerca de 15 milhões – dos quais 7,7 milhões apenas nos EUA.

Contudo, as entrevistas com 83 gestores de recursos humanos em multinacionais a operar em economias com salários baixos indicam que, em média, apenas 13 por cento dos licenciados dos 28 países com salários baixos detêm qualificações para trabalhar nessas empresas (ver "Menos do que se poderia pensar"). Esses gestores de recursos humanos apresentam várias razões para o problema, especialmente uma falta de competências linguísticas, ênfase na teoria em detrimento de conhecimento prático e uma falta de adaptação cultural (ou seja, competências interpessoais, bem como atitudes perante o trabalho em equipa e o trabalho flexível, que estão em desacordo com a prática das multinacionais).[8]

A proporção de candidatos apropriados para os lugares varia por ocupação e, mais ainda, por país. Assim, enquanto 50 por cento dos engenheiros na Hungria e na Polónia, por exemplo, poderiam trabalhar em empresas multinacionais, apenas dez e 25 por cento dos engenheiros na China e na Índia, respectivamente, o poderiam fazer. Na generalidade, os licenciados dos países da Europa Central estão bem qualificados para trabalhar em empresas multinacionais. Pelo contrário, os candidatos a emprego provenientes da Rússia receberam uma boa formação, mas frequentemente por universidades que não lhes

Menos do que se poderia pensar

"De cem licenciados com a formação adequada, quantos contrataria se tivesse procura para todos?"
Média ponderada de todos os países com salários baixos na amostra,[a] percentagem.

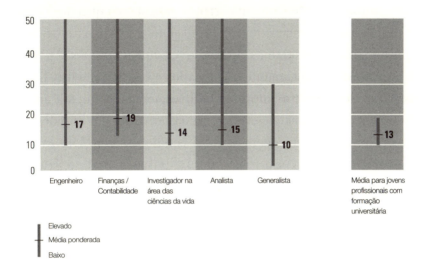

Elevado
Média ponderada
Baixo

a) África do Sul, Argentina, Brasil, Bulgária, Chile, China, Colômbia, Croácia, Eslováquia, Eslovénia, Estónia, Filipinas, Hungria, Índia, Indonésia, Letónia, Lituânia, Malásia, México, Polónia, República Checa, Roménia, Rússia, Tailândia, Turquia, Ucrânia, Venezuela e Vietname.
Fonte: Entrevistas com especialistas de recursos humanos e responsáveis de centros globais de recrutamento; análise McKinsey.

forneceram competências práticas, enquanto na Índia a qualidade do sistema educacional – com excepção das principais universidades – desfavorece os licenciados. A falta de fortes competências linguísticas no inglês é a principal debilidade para o Brasil e a China.

Nos maiores mercados emergentes, a base de talento qualificado diminui ainda mais porque muitos dos licenciados vivem longe das grandes cidades com ligações aéreas internacionais (dois critérios para as empresas multinacionais que procuram locais para deslocalização) e preferem ficar perto de casa. Apenas um terço dos licenciados russos vive nas grandes cidades e apenas alguns dos restantes estão dispostos a mudar-se. Pelo contrário, quase metade dos estudantes indianos forma-se em universidades próximas dos principais centros internacionais (como Bangalore, Deli, Hyderabad e

Bombaim) e os indianos são também os mais propensos a mudar-se. Na China, as multinacionais enfrentam um problema adicional: a forte concorrência das empresas que servem o mercado interno.

Estes factores que "encolhem o grupo" fazem com que, dos cerca de 33 milhões de potenciais jovens profissionais nos mercados com salários baixos que estudámos, apenas cerca de 3,9 milhões – 12 por cento – estão simultaneamente qualificados e realisticamente disponíveis para trabalhar em empresas multinacionais. Na nossa amostra de países com salários elevados, pelo contrário, 8,8 milhões de jovens profissionais satisfazem as duas condições (ver "Um grupo a encolher").[9] Contudo, um grupo de 3,9 milhões ainda é grande. Em algumas ocupações, como engenharia, finanças e contabilidade e análise quantitativa, esse número representa 75 por cento ou mais da mão-de-obra qualificada na nossa amostra dos países com salários elevados.

Além disso, a quantidade de mão-de-obra qualificada nos países com salários baixos está a aumentar rapidamente. O número de licenciados nesses países está a aumentar a um ritmo de 5,5 por cento ao ano, comparativamente com apenas um por cento nos países desenvolvidos. O aumento do número de candidatos com qualificações que as multinacionais realmente procuram é particularmente rápido: em apenas cinco anos, a proporção de graus académicos concedidos em Gestão e Economia subiu para 31 por cento, contra 18 por cento, na Rússia, e para 36 por cento, contra 16 por cento, na Polónia. Adicionalmente, até 2008 a oferta de jovens engenheiros qualificados será provavelmente quase a mesma nos países em desenvolvimento e nos países desenvolvidos que estudámos, e o número de profissionais qualificados em finanças e contabilidade nos países em desenvolvimento será superior ao dos países com salários elevados.

A dimensão da oferta de talento qualificado de um país, ao contrário do seu número total de licenciados, não é proporcional à dimensão da sua população: embora a população da China seja

Um grupo a encolher

Oferta estimada de jovens profissionais com formação universitária,[a] 2003, milhares

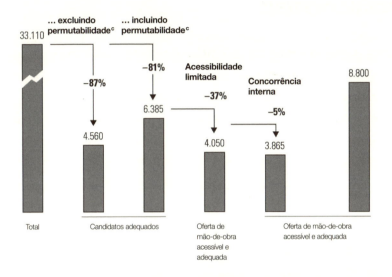

a) As ocupações incluem engenheiros, especialistas em finanças e contabilidade, profissionais generalistas, investigadores na área das ciências da vida e analistas quantitativos com sete anos de experiência profissional.
b) Países com salários baixos: África do Sul, Argentina, Brasil, Bulgária, Chile, China, Colômbia, Croácia, Eslováquia, Eslovénia, Estónia, Filipinas, Hungria, Índia, Indonésia, Letónia, Lituânia, Malásia, México, Polónia, República Checa, Roménia, Rússia, Tailândia, Turquia, Ucrânia, Venezuela e Vietname; países com salários elevados: Alemanha, Canadá, EUA, Irlanda, Japão, Reino Unido; a Austrália e a Coreia do Sul foram estudadas através de extrapolação.
c) Por exemplo, licenciados de engenharia / ciências da vida / finanças não qualificados podem, todavia, trabalhar como analistas quantitativos quando satisfazem os critérios de qualificação desse grupo; todos os licenciados não qualificados podem, contudo, trabalhar como generalistas quando satisfazem os critérios de qualificação desse grupo.
Fonte: Estatísticas governamentais sobre emprego e obtenção de graus académicos para os países na amostra; entrevistas com especialistas de recursos humanos; inquérito sobre a mobilidade geográfica dos estudantes; análise McKinsey.

16 vezes superior à população das Filipinas, por exemplo, o seu grupo de jovens engenheiros qualificados fluentes em inglês é apenas três vezes maior. A Polónia tem quase tantos engenheiros qualificados quanto a muito mais populosa Rússia. A República Checa, a Hungria, a Polónia e a Rússia, em conjunto, têm tantos generalistas qualificados quanto a Índia, que tem cinco vezes mais população, e quase o mesmo número de engenheiros qualificados.

Consequentemente, muitos países, além da China e da Índia, poderiam desempenhar um papel importante no mercado de trabalho global emergente.

UM MERCADO IMPERFEITO

De forma agregada, a oferta potencial de talento deslocalizado qualificado para trabalhar em multinacionais excede a procura esperada em cada uma das oito ocupações[10] que analisámos. Em 2008, por exemplo, a oferta potencial de pessoal de apoio e de jovens profissionais generalistas qualificados para trabalhar em empresas multinacionais irá exceder a procura esperada em 98 e 78 por cento, respectivamente. Apenas a oferta potencial de engenheiros de países com salários baixos parece estar um pouco limitada a nível global.

Mas a visão agregada cria uma ilusão de abundância. De facto, as empresas que contratam talento deslocalizado têm tendência a imitar-se umas às outras, instalando-se em locais com historial no fornecimento desse talento, em vez de escolherem os locais que satisfaçam cada uma das suas necessidades. A concentração de empresas tem, porém, alguns aspectos positivos, como seja a melhoria mais rápida das infra-estruturas, das comunicações e do contexto empresarial. Todavia, essa abordagem pode acabar por criar desequilíbrios locais entre a procura e a oferta, e esses desequilíbrios, por sua vez, produzem inflação nos salários locais e níveis elevados de atrito entre colaboradores.

Este tipo de concentração já está a afectar a oferta e o custo da mão-de-obra em algumas cidades da República Checa, da Índia e da Rússia. Se as actuais tendências de procura continuarem, a oferta de mão-de-obra qualificada será comprimida em Praga já em 2006 e em Hyderabad em 2008, tornando assim essas cidades menos atractivas para as muitas empresas cujos custos irrecuperáveis em capital físico e humano nesse lugar lhes dificulta a mudança de local. Se as empresas dispersassem a sua procura de forma mais alargada, os níveis gerais dos salários da mão-de-obra deslocalizada aumentariam de forma mais gradual (ver "O que a deslocalização pode fazer aos salários" no final deste capítulo).

IMPLICAÇÕES DO LADO DA PROCURA PARA AS EMPRESAS

Empresas diferentes têm necessidades diferentes em função dos locais para onde se deslocalizam, dependendo dos seus mercados internos, do seu idioma principal, da escala dos seus planos para a deslocalização, da decisão sobre o recurso à subcontratação ou de instalar operações com colaboradores próprios e muitos outros factores. A existência de objectivos diferentes significa que as empresas imputam custos e benefícios diferentes aos mesmos locais – uma característica do mercado de trabalho global que cria uma força útil para dispersar a procura e reduzir a pressão sobre os salários. Contudo, as empresas devem agir racionalmente para controlar esta força, recorrendo a melhores informações sobre a localização de talento qualificado e depois analisando o verdadeiro custo de contratar esse talento em cada um desses países. (Ver "Várias escolhas" para uma representação gráfica.)

Como verificámos, em vez de se orientarem pelo número absoluto de licenciados num determinado país, as empresas devem considerar a oferta de mão-de-obra qualificada e a sua respectiva procura. Se as empresas quiserem conquistar acesso a grupos maiores de mão-de-obra e evitar os efeitos negativos da aglomeração de deslocalização em pólos concorridos, então deverão avaliar uma variedade de possibilidades, incluindo cidades de segunda geração e opções de teletrabalho. Para calcular os custos específicos da deslocalização em cada potencial local, as empresas devem definir o seu conjunto de critérios, o qual inclui habitualmente os custos com a mão-de-obra, a qualidade

Várias escolhas

Pontos fortes e pontos fracos dos diferentes países nos critérios para escolha de locais de deslocalização (do ponto de vista de uma empresa norte-americana), numa escala de 1 a 5 onde 1 = o mais atractivo, 5 = o menos atractivo

Ponderação	50%	10%	10%	10%	10%	10%	
	Custo	Oferta de fornecedores	Mercado interno	Perfil de risco	Contexto empresarial	Qualidade das infra-estruturas	Índice de custo de localização
Índia	1,5	2,2	3,5	2,7	3,6	3,3	**2,3**
China	1,8	3,7	1,8	3,4	3,6	2,5	**2,4**
Malásia	1,7	4,7	3,3	2,2	3,4	2,5	**2,5**
Filipinas	1,4	4,5	3,3	3,9	3,7	2,8	**2,6**
Brasil	2,2	3,5	4,2	2,8	3,0	2,0	**2,7**
México	2,2	4,7	2,8	3,5	2,6	2,0	**2,7**
Hungria	2,6	4,7	3,3	2,3	2,8	2,8	**2,9**
República Checa	2,6	4,7	3,5	2,2	3,0	3,0	**2,9**
Polónia	2,7	4,0	3,3	2,7	3,1	3,0	**3,0**
EUA	4,4	1,0	2,7	1,7	1,3	1,5	**3,0**
Canadá	3,9	3,2	2,5	1,5	1,7	2,0	**3,1**
Rússia	3,0	4,5	2,8	3,5	3,3	3,3	**3,2**
Reino Unido	4,6	1,8	2,8	2,1	2,1	2,3	**3,4**
Alemanha	4,4	2,5	3,0	1,9	2,5	2,8	**3,5**
Irlanda	4,5	3,5	2,8	1,5	2,5	2,8	**3,5**
Japão	4,9	2,2	3,0	2,0	3,1	2,3	**3,7**

● Atractivo ● Pouco atractivo

dos fornecedores locais de serviços, o potencial do mercado local, os seus riscos intrínsecos, a qualidade das infra-estruturas locais e o contexto empresarial. Cada empresa pode então utilizar os seus objectivos e requisitos particulares para ponderar sobre cada um dos critérios. Quando tiver reunido informação sobre todas as localizações potenciais, a empresa pode calcular o seu verdadeiro custo de deslocalização para qualquer um desses locais e, logicamente, classificá-los.

A China, a Índia e as Filipinas – os países mais populares para a deslocalização nos dias de hoje – apresentam os custos médios de mão-de-obra mais baixos. Estes países são a opção mais racional para as empresas que dão prioridade a esses custos acima de qualquer outro critério. Quando as empresas utilizam as suas necessidades específicas diferentes para classificar os países, outros locais irão emergir como atraentes e a procura torna-se dispersa.

"O índice de custo de localização" ilustra como esta dispersão funciona na prática. Utilizando o índice de custo de localização (uma ferramenta de base de dados que o MGI desenvolveu para empresas escolherem os locais para onde deslocalizar as suas

O índice de custo de localização

Exemplos anónimos

		Caso A	Caso B	Caso C	Caso D
Perfil do caso	Indústria	Farmacêutica	Banca	Farmacêutica	Logística
	Actividade	Ensaio clínico	TI	I&D	TI
	A empresa é global?	Sim	Sim	Sim	Sim
	Local da sede	Europa	EUA	EUA	Europa
Ponderada por	Custo	25	60	25	35
	Oferta de fornecedores	0	20	0	0
	Mercado interno	40	0	0	0
	Perfil de risco	10	5	25	10
	Contexto empresarial	10	5	25	30
	Qualidade das infra-estruturas	15	10	25	25
Resultado	Países com melhor classificação por modelo; escolha efectiva da empresa	1. China	1. Índia	1. EUA	1. Hungria
		2. Malásia	2. China	2. Canadá	2. Malásia
		3. México	3. Filipinas	3. Malásia	3. República Checa
		4. Canadá	4. Malásia	4. Brasil	4. Índia

Importância ponderada do factor: Elevada ▬ Reduzida

Fonte: Entrevistas; base de dados do índice de custo de localização, McKinsey Global Institute.

operações), classificámos os países para quatro empresas diferentes, cada uma com o seu respectivo conjunto de critérios para a escolha de um local de deslocalização. Os resultados ilustram a diversidade dos locais óptimos, pelo que as empresas que se limitam a seguir as outras podem estar a tomar a decisão errada.

IMPLICAÇÕES DO LADO DA OFERTA PARA OS PAÍSES

Uma vez que na perspectiva da procura não se produz qualquer classificação fixa e global para os locais de deslocalização, a oferta não tem vencedores e perdedores predeterminados. Qualquer país que queira atrair investimentos de deslocalização deve seleccionar os sectores e as empresas cujas necessidades correspondam mais de perto ao que já pode oferecer e depois deve aperfeiçoar essas características atractivas. Para o fazer, naturalmente, cada país deve conhecer essas características e saber que sectores e empresas as preferem.

Em qualquer caso, todos os países do lado da oferta beneficiariam com a melhoria da qualidade do seu talento e não apenas da sua quantidade. Muitos países em desenvolvimento, por exemplo, poderiam tornar a sua grande oferta de mão-de-obra potencial mais atractiva para as empresas multinacionais através da melhoria das competências – especialmente as competências linguísticas – dos seus licenciados. Se até 2008 os engenheiros chineses conseguissem ser tão qualificados quanto os engenheiros indianos são hoje, por exemplo, a oferta chinesa destes engenheiros quase que duplicaria, para 395 mil, melhorando, desta forma, a atractividade da China enquanto local de deslocalização. A melhoria das qualificações dos licenciados é uma tarefa complexa, mas os governos podem trabalhar com as empresas nacionais e multinacionais para promover a formação em competências práticas nas universidades e em programas de formação para executivos.

Os governos podem também tornar os seus países mais atractivos para as multinacionais em qualquer sector através da redução do nível de interferência burocrática, da melhoria das infra-estruturas locais, do aumento da competitividade dos regimes fiscais e do reforço da legislação sobre a propriedade intelectual.

À medida que os mercados de trabalho globais se tornam cada vez mais integrados, acções racionais por parte das empresas e dos países irão ajudar a alcançar um equilíbrio eficiente entre a oferta e a procura de empregos.

O que a deslocalização pode fazer aos salários

Informação sobre os efeitos da deslocalização nos salários é escassa, quer nos países do lado da oferta, quer nos países do lado da procura. Não obstante, conseguimos melhorar a nossa percepção desses efeitos através da representação dos resultados de um conjunto de decisões empresariais hipotéticas.

Do lado da oferta

Qual seria, por exemplo, o efeito nos salários dos engenheiros nos mercados emergentes se os custos com a mão-de-obra fossem o factor mais importante para a escolha dos locais de deslocalização para as empresas norte-americanas? A nossa análise demonstra que os níveis salariais para os engenheiros nos países com os salários mais baixos provavelmente duplicariam (ver "O crescimento dos salários é relativo"). Mas os salários nos mercados emergentes não alcançariam os níveis existentes nos EUA e na Europa, dado que serão limitados a cerca de 30 por cento da média dos salários nos EUA ou ao nível actual dos salários no Brasil e no México.

A inflação local dos salários irá provavelmente prevalecer em alguns locais de deslocalização enquanto as empresas multinacionais continuarem a concentrar a sua procura em apenas algumas cidades. Devido aos custos irrecuperáveis na instalação de uma operação deslocalizada, se a procura nesse local começar a ser superior à oferta local os salários pagos por cada empresa podem aumentar e ultrapassar os níveis existentes nos países vizinhos. A dispersão da procura irá abrandar o "aquecimento" do mercado nos pólos concorridos.

Em resumo, embora seja provável que os salários nos países do lado da oferta aumentem, estes não atingirão o nível salarial dos países do lado da procura.

O crescimento dos salários é relativo

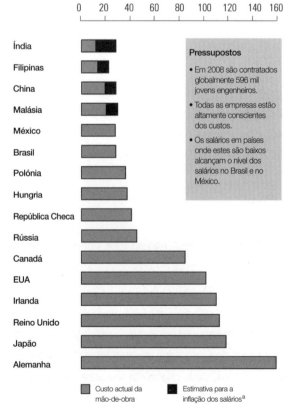

a) Exclui considerações de retenção, acessibilidade limitada ao talento, procura interna de mão-de-obra e escassez de gestores, que podem inflacionar os salários para além desses níveis para, pelo menos, algumas categorias ocupacionais.
Fonte: Estatísticas governamentais dos países apresentados; entrevistas; Watson Wyatt; análise McKinsey.

Do lado da procura

As empresas estão a transferir as suas operações para outras localizações a um ritmo lento, o que significa que ao longo dos próximos cinco anos a deslocalização terá um efeito insignificante nos níveis globais de emprego nos países do lado da procura para as profissões que analisámos.

Considere o impacto nos EUA. Ao longo dos últimos 30 anos, a quota de empregos da indústria transformadora no emprego total dos EUA sofreu uma redução de 11 pontos percentuais, de 32 para 21 por cento. Em comparação, estimamos que apenas nove por cento de todas as funções de serviços dos EUA poderiam, em teoria, ser executadas em áreas remotas e é improvável que todas sejam deslocalizadas nos próximos 30 anos. Também é improvável que os níveis salariais diminuam, pela mesma razão. De facto, nos EUA as taxas de crescimento dos salários e o número de empregos em serviços informáticos e de processamento de dados – um sector onde a deslocalização é predominante – são mais elevados do que na economia como um todo.[a]

Este impacto moderado e o ritmo lento generalizado não irão atenuar as adversidades daqueles que perdem o seu emprego como resultado da deslocalização. É provável que um esforço sustentável para a sua reconversão consiga resultados positivos, já que a maioria são licenciados.

Os autores querem agradecer a Charles de Segundo, Robert Pascal, Sascha Stürze e Fusayo Umezawa pelas suas contribuições para a investigação em que este artigo se apoia.

DIANA FARRELL, MARTHA A. LABOISSIÈRE E JAESON ROSENFELD,
The McKinsey Quarterly, 2005, Número 3.

---

a) US Bureau of Labor Statistics* (CAE 7370: estatísticas de emprego actuais).
* N. T. Gabinete de Estatísticas do Trabalho.

2

ASSEGURAR O FUTURO DA DESLOCALIZAÇÃO NA ÍNDIA

Diana Farrell, Noshir Kaka e Sascha Stürze

SÍNTESE:

A liderança da Índia no fenómeno da deslocalização deve-se à base de engenheiros, com boa formação e de baixo custo, para serviços de tecnologias da informação.

Esta base é mais pequena do que aparenta ser e existe o risco de se esgotar nos locais mais populares de deslocalização.

Para as empresas deslocalizadas, as infra-estruturas fracas da Índia são a característica menos atractiva do país.

Os decisores da Índia devem melhorar a quantidade e a qualidade dos seus licenciados, melhorar as infra-estruturas do país e dispersar a procura de talento deslocalizado por cidades de segunda geração e por serviços para além das TI.

O sector da deslocalização da Índia, o de maior dimensão e de crescimento mais rápido no mundo, é dominado por serviços de TI, que desempenham um papel fundamental no crescimento económico global do país. Em 2004-05, a indústria de subcontratação deslocalizada de TI e de processos de negócios da Índia irá criar aproximadamente 17,3 mil milhões de dólares em volume de negócios e dar emprego a um número estimado de 695 mil pessoas. Em 2007-08, esta força de trabalho será representada entre 1.450 mil e 1.550 mil pessoas e a indústria será responsável por sete por cento do PIB da Índia.[1]

No entanto, a deslocalização está a complicar-se. Um estudo do McKinsey Global Institute demonstra que a alargada oferta de licenciados da Índia é menor do que aparenta ser quando se tem em conta as suas qualificações para serem contratados por empresas multinacionais.[2] Nos locais de deslocalização mais populares do país, como Bangalore, os salários em ascensão e a elevada rotatividade de engenheiros – os profissionais mais procurados para os serviços de TI – são evidências de que os constrangimentos locais na oferta de talento já são uma realidade. E à medida que estes estrangulamentos se desenvolvem, outros países com salários baixos, como a China, a Hungria e as Filipinas, estão a preparar-se para desafiar a liderança da Índia.

Mas o fim da prosperidade do sector da deslocalização na Índia não está necessariamente perto. A Índia tem outras qualidades atractivas, para além de profissionais de baixos salários, para as empresas que querem deslocalizar as suas operações. Em 15 anos de deslocalização, o país desenvolveu um conjunto estável de fornecedores de serviços de TI de classe mundial que podem poupar às empresas estrangeiras o trabalho de estabelecer os seus próprios centros deslocalizados. E tem uma vasta oferta de talento qualificado em áreas para além das TI, como I&D, finanças e contabilidade, *call centers* e gestão de *back office*.

Mesmo assim, os líderes indianos têm de garantir que uma empresa que procura um local para se deslocalizar não seja conquistada por outros países: o governo deve não só ajustar as políticas educacionais do país para evitar a aparente escassez de talento, como também investir mais nas infra-estruturas. Até ao momento, a deslocalização tem sido em geral um negócio do sector privado e em alguns aspectos a falta de envolvimento do governo tem sido um dos segredos do seu sucesso.[3] Mas o investimento do sector privado em escritórios com ares condicionados, apartamentos e centros comerciais em grandes pólos de deslocalização não tem encontrado paralelo no investimento público em aeroportos, rodovias e *utilities*[*] – modernizações necessárias para permitir que milhões de pessoas, que são atraídas para estes locais, possam viver e trabalhar de forma mais eficiente. Daqui em diante, o governo e as empresas devem trabalhar em conjunto para que a deslocalização continue a ser o motor de crescimento da Índia.

QUAL A DIMENSÃO DA BASE DE TALENTO DA ÍNDIA?

Estima-se que a base de jovens licenciados da Índia (aqueles com sete anos ou menos de experiência profissional) seja de 14 milhões – a maior de todos os 28 países que o MGI estudou. Este grupo é 1,5 vezes maior do que o da China e o dobro do dos EUA. A este grande número de jovens licenciados acrescem todos os anos 2,5 milhões de novos licenciados. Como em outros países com salários baixos, no entanto, apenas uma fracção destes têm as qualificações para trabalhar em empresas multinacionais.

---

[*] **N. T.** Empresas que prestam serviços de utilidade pública, nomeadamente fornecimento de luz, água, gás, etc.

Entrevistámos 83 gestores de recursos humanos em multinacionais que procuram talento no mundo emergente. Aqueles que têm experiência na Índia elogiam a adaptação cultural e a ética de trabalho dos seus colaboradores indianos; porém, mesmo assim, só considerariam contratar, em média, dez a 25 por cento dos licenciados do país – uma maior proporção de licenciados qualificados do que a China produz, mas apenas metade dos produzidos pela Europa Central. A proporção de licenciados qualificados também varia consoante a área de estudo: apenas dez por cento dos estudantes indianos com graus académicos generalistas em artes e humanidades possuem qualificações, por exemplo, comparativamente com 25 por cento de todos os licenciados em engenharia.[4] Não obstante, a proporção de engenheiros qualificados na Europa Central é o dobro.

Por que é que o nível médio de adequação é tão baixo? A resposta é que, fundamentalmente, a qualidade das universidades na Índia varia bastante. Os licenciados das melhores escolas, como os sete Institutos de Tecnologia Indianos (ITI) e os seis Institutos de Gestão Indianos (IGI), são de classe mundial, mas em qualquer outra instituição o nível de qualidade diminui substancialmente.

Um dos problemas é o fraco domínio do inglês. Embora seja um idioma oficial na Índia, nem todos os licenciados sabem falar inglês suficientemente bem para poder trabalhar para as multinacionais ou para os fornecedores que os servem. Os licenciados de certas regiões aparentam estar em desvantagem devido aos sotaques locais fortes que não lhes permitem trabalhar em *call centers* e noutros locais onde é exigida a interacção com estrangeiros. Algumas empresas transferiram os *call centers* da Índia para as Filipinas (onde a população tem tendência a falar inglês com um sotaque mais próximo do da população norte-americana), devido às queixas dos clientes de que não entendiam os operadores. Mesmo os gestores de RH nas empresas de *software* e de serviços de TI elegeram os problemas linguísticos como uma das três principais desvantagens dos candidatos de engenharia.

As elevadas taxas de emigração entre licenciados das melhores escolas diminuem ainda mais a oferta local de talento qualificado. Estima-se que cerca de 40 mil licenciados dos ITI, por exemplo, tenham ido trabalhar para os EUA, embora se afirme que o animado sector dos serviços de TI na Índia esteja a atrair muitos de volta.[5] Outra dificuldade é o facto de a economia interna do país estar ainda, na generalidade, protegida da concorrência global, pelo que poucos licenciados ou gestores intermédios mais velhos possuem a experiência internacional necessária para se transferiram para as multinacionais.

UMA APARENTE ESCASSEZ DE TALENTO

Na Índia, apenas 1,2 milhões de pessoas possuem graus académicos em engenharia – quatro por cento do total da força de trabalho com formação universitária, comparativamente com 20 por cento na Alemanha e 33 por cento na China. Este facto, combinado com o nível, de uma maneira geral, baixo de qualificação entre os licenciados indianos, significa que a Índia pode enfrentar uma escassez generalizada de engenheiros nos próximos anos, com especial insuficiência em algumas cidades. Os salários de engenheiros de *software* já aumentaram abruptamente nos locais de deslocalização mais populares, como Bangalore e Bombaim.

O país tem um número crescente de pessoas com bacharelato em engenharia (cursos de três anos em vez de quatro): 1,75 milhões em 2003-04, que aumenta em 130 mil pessoas por ano. Estes bacharéis em engenharia não estão tão bem formados como os licenciados, mas podem preencher lacunas no extremo menos criativo da cadeia de valor das TI. Todavia, nem mesmo estes serão suficientes para aliviar a escassez que se prevê. As nossas previsões mostram que é provável que a procura de jovens profissionais de engenharia na Índia exceda a oferta até 2008 se o ritmo actual de crescimento da procura (especialmente do Reino Unido e dos EUA) continuar. Também se esperam insuficiências significativas na área da deslocalização de processos de negócios, devido à probabilidade de a procura e o crescimento do número de empregos aumentar muito mais depressa nesta indústria do que nos serviços de TI durante os próximos três a cinco anos.

A escassez de talento já começou a sentir-se nas principais cidades da Índia e a história recente de Hyderabad ilustra como os pólos concorridos podem sobrelotar. A cidade tornou-se um núcleo de *software* e TI na década de 1990, quando grandes empresas de subcontratação de serviços de TI, como a Satyam e a Tata Consultancy Services, se estabeleceram na cidade. Pelo menos 20 dos principais fornecedores de *software* indianos e norte-americanos instalaram grandes centros de engenharia em Hyderabad desde 1998. A actividade expandiu-se rapidamente depois de 2002: só em 2004 foram criados seis novos centros, com um total de cinco mil colaboradores. As ofertas locais de candidatos qualificados para a maioria das ocupações são abundantes. No entanto, nas universidades e nos institutos da região de Hyderabad licenciam-se 25 mil engenheiros por ano, o que não será suficiente para satisfazer a procura aos níveis actuais de crescimento, se apenas 25 por cento têm qualificações para trabalhar para as multinacionais. Já em 2006, a procura de engenheiros qualificados ultrapassará a oferta local; calculamos que até 2008 a procura atingirá 138 por cento da oferta.

Ainda assim, os licenciados da Índia têm uma mobilidade elevada quando comparados com licenciados de outros mercados emergentes. As empresas podem, por isso, pensar que conseguem atrair facilmente engenheiros qualificados de outras cidades do país para Hyderabad (na província de Andra Pradesh). A província de Andra Pradesh tem estado a expandir o seu sistema de ensino superior de forma invulgarmente rápida desde 2001 e os frutos dessa expansão só agora começaram a chegar ao mercado de trabalho. Adicionalmente, quer o governo estadual, quer as empresas locais, estão a trabalhar para melhorar a qualificação e a quantidade de licenciados e bacharéis locais. Tomando tudo isto em consideração, Hyderabad pode vir a ter engenheiros qualificados suficientes para evitar a escassez de mão-de-obra por alguns anos depois de 2008. De igual forma, há cinco anos atrás ninguém previa a escassez de talento que hoje se sente em Bangalore e Bombaim. As autoridades de Hyderabad e as empresas estão no caminho certo ao concentrarem-se no aumento da oferta local de engenheiros qualificados.

No país em geral, os gestores intermédios estão também a tornar-se escassos. Embora a Índia possua mais destes profissionais do que outros locais de deslocalização, o país também tem uma maior procura devido ao forte crescimento do sector da deslocalização: ao longo da última década, o número de gestores intermédios a quem deu emprego aumentou em mais de 20 por cento ao ano e até de forma mais intensa em algumas cidades. Os novos concorrentes seduzem frequentemente gestores qualificados que trabalham em empresas existentes em vez de formarem os seus próprios gestores. Por vezes, também vão além fronteiras seduzir esses gestores – empresários russos, por exemplo, têm contratado gestores intermédios da Índia. A ascensão rápida da remuneração é uma evidência da sua escassez. Os salários anuais para gestores de projecto no sector indiano das TI orientado para a exportação, por exemplo, aumentaram, em média, cerca de 23 por cento anualmente ao longo dos últimos quatro anos, enquanto os salários de programadores aumentaram cerca de 13 por cento (ver "A aumentar").

A aumentar

Salário anual, dólares

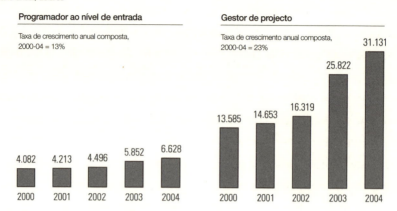

Fonte: *Strategic Review 2005*, Associação Nacional de Empresas de *Software* e de Serviços da Índia (Nasscom).

MELHORAR O PANORAMA DA DESLOCALIZAÇÃO NA ÍNDIA

Como pode a Índia manter-se na liderança da deslocalização? Deve ser tomado um conjunto de acções políticas de longo prazo, caso o país se queira manter atractivo para as empresas que pretendem deslocalizar as suas operações – e a correcção daqueles aspectos das suas infra-estruturas notoriamente debilitadas que podem prejudicar a eficiência de uma empresa é apenas uma dessas acções. Mas, no curto prazo, as prioridades para os responsáveis políticos na Índia, e para os gestores seniores nas empresas que procuram deslocalizar as suas operações para a Índia, são a escassez de talento em subcontratação de processos de negócios e de TI nos pólos concorridos de deslocalização e a aparente escassez generalizada de talento em engenharia.

AUMENTAR A QUALIDADE DO ENSINO UNIVERSITÁRIO

Para evitar antecipadamente esta escassez iminente de talento e para aumentar a oferta de licenciados qualificados para a deslocalização em geral, a Índia deve esforçar-se para que o padrão de qualidade dos seus numerosos licenciados, que são cada vez mais, se aproxime do nível exigido pelas empresas multinacionais. A melhoria do padrão de qualidade das universidades medíocres para que atinja o nível das melhores escolas será um trabalho árduo e demorado. Os agentes privados, como as empresas de engenharia de *software* da Oracle e da Satyam ligadas a universidades, proporcionaram uma explosão no número de licenciados em disciplinas relacionadas com as TI; tanto os agentes privados, como as instituições subsidiadas pelo governo, têm contribuído para o número crescente de potenciais candidatos aos empregos de processos de negócios.

Os responsáveis políticos do governo central podem desempenhar um papel importante na melhoria dos níveis de qualidade, ao estabelecerem currículos que reflictam a procura actual e futura no mercado de trabalho. As autoridades estaduais da Índia podem ajudar, através do desenvolvimento de melhores procedimentos de certificação e da promoção de padrões de qualidade mais exigentes para os institutos. Os dois níveis de governo podem apoiar a expansão de escolas privadas de elevada qualidade.

As empresas também podem desempenhar um papel. As iniciativas privadas e os esforços conjuntos de empresas e universidades têm ajudado a melhorar a qualidade do talento no restante mundo em desenvolvimento. Na Rússia, por exemplo, as associações de empresas de *software* têm providenciado uma educação prática em gestão aos estudantes de engenharia. Um relatório recente da Associação Nacional de Empresas de *Software* e Serviços da Índia (Nasscom) propôs um plano para a melhoria da qualificação dos licenciados do país. O plano incluía o reforço da colaboração entre a indústria e as instituições educacionais na definição dos currículos, bem como a instalação de um ITI em todos os estados indianos.

A grande maioria dos, estimados, 14 milhões de jovens licenciados da Índia detém graus académicos generalistas, os menos atractivos para as empresas multinacionais. A oferta de subsídios para o estudo das disciplinas – especialmente de engenharia – que estas empresas mais precisam pode também ajudar a aumentar a proporção de licenciados qualificados.

IR PARA ALÉM DOS PÓLOS CONCORRIDOS DE DESLOCALIZAÇÃO

A inflação salarial e as elevadas taxas de desgaste em locais-chave de deslocalização estão, compreensivelmente, a deixar as empresas nervosas em relação à oferta de talento da Índia. Mas estes problemas estão confinados a ocupações e cidades específicas. Além do mais, até certo ponto as empresas deslocalizadas criaram as suas próprias dificuldades ao instalarem-se todas no mesmo local. Embora a aglomeração* traga vantagens à primeira vista, essas vantagens dissipam-se rapidamente se a procura por talento superar a oferta e se os investimentos nas infra-estruturas não acompanharem o ritmo.

Os responsáveis políticos devem encorajar as empresas a procurar talento nas cidades que ainda não tenham sido exploradas pela vaga da deslocalização, onde a oferta barata pode facilmente exceder a procura. A Índia tem um grande número de licenciados qualificados em outras áreas para além da engenharia. Adicionalmente, o estudo do MGI demonstra que o país tem o custo de mão-de-obra mais barato para colaboradores com formação universitária, de entre 16 potenciais países fonte de deslocalização

---

* N. T. No original, *clustering*.

que estudámos (aproximadamente 12 por cento do custo nos EUA, numa base horária). Os licenciados da Índia também são os que trabalham mais horas – em média, 2.350 horas por ano, comparativamente com 1.900 nos EUA e 1.700 na Alemanha.

Embora os licenciados da Índia tenham maior mobilidade do que os restantes, as nossas estimativas demonstram que um quinto destes ainda não é facilmente acessível a multinacionais ou fornecedores de serviços indianos. De facto, aproximadamente metade dos licenciados do país estuda em cidades sem qualquer aeroporto internacional. A inacessibilidade é uma ameaça genuína à supremacia da Índia a nível de deslocalização; o nosso estudo das condições de oferta em 28 países com salários baixos demonstra que muitos dos países mais pequenos têm grupos de licenciados qualificados muito maiores do que a dimensão da sua população poderia sugerir (ver "A dimensão pode ser enganadora").[6] Os responsáveis políticos da Índia devem dar prioridade à ajuda às empresas, para que estas utilizem os grupos desaproveitados de oferta antes que muitas mais empresas descubram os encantos de outros locais de deslocalização. O governo pode, por exemplo, ter de construir aeroportos em cidades menos conhecidas e ajudá-las a promover-se. As empresas que explorem estas cidades de segunda geração podem optar pelo teletrabalho como uma forma de ter acesso a mais colaboradores ou oferecer benefícios de alojamento para conseguir que mais licenciados se mudem para o local.

No entanto, as preocupações com os salários em ascensão estão de certa forma deslocadas: como resultado da inflação salarial local, algumas empresas deslocalizadas preocupam-se que os níveis salariais indianos atinjam rapidamente os níveis verificados nos EUA. As nossas projecções mostram que o salário médio de jovens profissionais em empregos de serviços na Índia não irá exceder, provavelmente, o equivalente a 30 por cento do nível dos salários nos EUA devido a pressões concorrenciais: quando o salário médio atingir esse patamar, as empresas irão procurar contratar licenciados de países com salários mais baixos ou comparáveis. A oferta desses países irá satisfazer toda a procura provável no futuro previsível. Portanto, não pensamos que o salário médio dos licenciados contratados em qualquer um dos países com salários baixos envolvidos na deslocalização, incluindo a Índia, vá ultrapassar 30 por cento dos salários actuais de jovens profissionais nos EUA – sensivelmente o que os jovens profissionais no México ganham hoje.

A dimensão pode ser enganadora

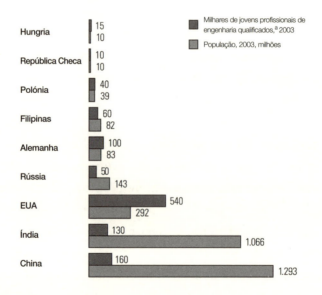

a) Com até sete anos de experiência profissional; inclui todas as áreas de engenharia, com excepção da engenharia civil e da engenharia agrária, e todos os graus académicos de TI e de ciências computacionais.
Fonte: Entrevistas com peritos em recursos humanos; Global Insight; ministérios da educação/gabinetes de estatística sobre trabalho nos países apresentados; análise do McKinsey Global Institute.

MELHORAR AS INFRA-ESTRUTURAS

As nossas entrevistas aos gestores seniores de multinacionais revelam que estes identificam as infra-estruturas da Índia como a deficiência mais grave do país. Numa escala de 1 a 5 (bom a mau), a China é classificada com 2,5 pelas suas infra-estruturas; a Índia e a Rússia, cada uma delas com uma classificação de 3,3, partilham o último lugar entre os 16 países que estudámos. Mais voos directos ligam agora a Europa aos centros de deslocalização da Índia, mas as suas estradas em mau estado e a gestão rudimentar do tráfego tornam as deslocações locais penosas. Em 2004, a Índia gastou dois mil milhões de dólares nas suas infra-estruturas rodoviárias; a China gastou 30 mil milhões.[7] E apesar de algumas modernizações, a rede de telecomunicações da Índia ainda tem problemas de qualidade.

Para permanecer na liderança da deslocalização, a Índia deve investir muito mais nas suas infra-estruturas – e muito mais depressa. A pouca intervenção do governo na deslocalização pode, possivelmente, ter sido favorável até agora, mas uma fraca atenção contínua dada às infra-estruturas seria um erro. Apenas o Estado consegue mobilizar os fundos para novos aeroportos, redes de comunicação e empresas de *utilities* de que a economia, globalmente, precisa para um crescimento futuro saudável.

IR PARA ALÉM DAS TI E DO *SOFTWARE*

Os líderes da Índia devem começar a difundir as suas vantagens como local de deslocalização não apenas para as TI, mas também para a I&D industrial e investigação médica e para as funções de *back office*. Este ano, o país reconheceu as patentes de produtos finais farmacêuticos. Isso deverá tranquilizar as empresas farmacêuticas internacionais, que receavam que qualquer propriedade intelectual que desenvolvessem na Índia pudesse não estar protegida de forma suficiente. Nestas novas áreas, onde a Índia oferece o talento necessário mas está muito longe de ter o domínio que goza nas TI ("Expandir para além das TI"), o país faria bem em atrair empresas globais do Reino Unido e dos EUA, que têm sido até hoje as pioneiras na deslocalização.

Contudo, na investigação a Índia enfrenta uma concorrência forte da China, da Rússia e dos EUA, pois a I&D é atraída frequentemente para países com grandes mercados internos para os produtos resultantes.

A Índia apresentava um crescimento do PIB de seis por cento entre 2001 e 2004, para um PIB total de cerca de 600 mil milhões de dólares, mas isso não é suficiente para compensar a vantagem da China. A Índia também sofre, por comparação, com a distribuição do seu rendimento. A elite rica da China é reduzida comparada com a sua grande, e em forte crescimento, classe média; a elite da Índia é relativamente grande, mas em 2002 cerca de 74 por cento dos lares na Índia ganhavam menos de dois mil dólares,[8] o que enfraquece globalmente o poder de compra do mercado interno.

Expandir para além das TI

"Para onde é que a sua empresa deslocaliza ou pretende deslocalizar as seguintes actividades?"
Percentagem dos inquiridos (n = 239) [a]

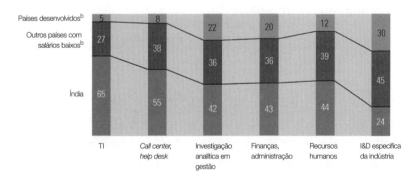

a) Os totais não perfazem cem por cento devido a arredondamentos.
b) Países desenvolvidos: Canadá, EUA, Europa Ocidental; outros países com salários baixos: África, China, Europa de Leste e Rússia (inclui Turquia para investigação analítica em gestão), América Latina, Malásia, outra Ásia e Pacífico.
Fonte: Inquérito McKinsey de 2005 a executivos seniores sobre deslocalização.

Para as actividades de *back office*, como finanças, RH, serviços de análise e projectos, e para os *call centers*, as nossas projecções indicam que a Índia terá mão-de-obra qualificada suficiente para suprir a procura esperada nos próximos cinco anos. Mas a oferta de operadores qualificados para os *call centers* irá retrair-se em alguns locais populares, a não ser que as empresas contratantes sejam encorajadas a ter em consideração outras cidades. Se as empresas continuarem a instalar-se nos mesmos poucos locais tornados populares pelos serviços de TI, a inflação salarial local e as elevadas taxas de desgaste irão prosperar, mesmo nessas novas ocupações. Os responsáveis políticos devem realmente procurar dispersar a procura.

Graças ao dinamismo dos serviços de TI da Índia, o país é o destino de deslocalização mais importante. Mas outros países com salários baixos estão agora a difundir o seu potencial como local de deslocalização e a procura irá rapidamente exceder a oferta da Índia de talento qualificado para as empresas internacionais. Para se manter na liderança, a Índia deve não só produzir mais engenheiros de primeira qualidade, como também melhorar as qualificações dos outros licenciados. Finalmente, a Índia tem de demonstrar às empresas a profundidade e a qualidade do seu talento em áreas para além das TI – especialmente I&D e actividades de *back office* em indústrias como finanças e contabilidade.

Diana Farrell, Noshir Kaka e Sascha Stürze
The McKinsey Quarterly, 2005 Edição Especial:
Cumprir a promessa da Índia.

3

A APARENTE ESCASSEZ DE TALENTO NA CHINA

Diana Farrell e Andrew J. Grant

> **SÍNTESE:**
>
> É necessário um grande número de licenciados qualificados para que a economia da China continue a crescer e para que a sua base económica evolua da indústria transformadora para os serviços.
>
> Embora o número de licenciados seja abundante na China, um novo estudo do MGI revela que apenas uma pequena proporção desses licenciados detém as competências necessárias para funções mais elevadas na cadeia de valor – e a concorrência por esses licenciados é cada vez maior.
>
> A China deve envolver-se num esforço a longo prazo para aumentar a qualidade dos seus licenciados, alterando a forma como financia as suas universidades, aperfeiçoando os currículos para atender às necessidades da indústria e melhorar a qualidade do ensino do inglês.
>
> A China pode emergir como uma base para a deslocalização das TI e dos processos de negócios, mas, a não ser que o país enfrente agora a sua aparente escassez de mão-de-obra, as ambições globais das empresas chinesas provavelmente não se concretizarão.

Com uma grande oferta de trabalhadores a baixo custo, a parte continental da China tornou-se rapidamente a sede mundial da indústria transformadora, fornecendo de tudo, desde têxteis a brinquedos e microprocessadores. Tendo em conta os milhões de licenciados do país, espera-se que a China se torne também um gigante em serviços deslocalizados de TI e de processos de negócios.

Um novo estudo do McKinsey Global Institute sugere que este resultado é improvável.[1] A justificação: poucos, do grande número de licenciados da China, são capazes de trabalhar com sucesso no sector de exportação de serviços e a economia interna, que cresce rapidamente, absorve a maioria daqueles que poderiam aí trabalhar. De facto, longe de prever um sector deslocalizado de serviços bem sucedido, o nosso estudo aponta para uma aparente escassez de talento nacional, com sérias implicações para as empresas multinacionais já presentes na China e para o número crescente de empresas chinesas com ambições globais.

Se a China pretende evitar essa escassez de talento e sustentar a ascensão da sua economia, deve produzir mais licenciados qualificados para trabalhar em empresas de classe mundial, quer sejam locais, quer sejam estrangeiras. A melhoria da qualidade dos licenciados permitirá que a economia evolua do actual domínio da indústria transformadora para um futuro no qual os serviços desempenhem um papel fundamental – como deve acabar por acontecer quando qualquer economia se desenvolve e amadurece. As condições para um sector deslocalizado de serviços próspero irão então, certamente, seguir-se.

O PARADOXO DA OFERTA

A base de potencial talento da China é enorme. Em 2003, a China tinha, aproximadamente, 9,6 milhões de jovens profissionais licenciados com até sete anos de experiência de trabalho, além de outras 97 milhões de pessoas com qualificações para as posições de apoio.

Apesar desta oferta aparentemente alargada, as empresas multinacionais estão a descobrir que poucos licenciados possuem as competências necessárias para as ocupações de serviços. De acordo com as entrevistas realizadas a 83 profissionais de recursos humanos envolvidos na contratação de licenciados locais em países com salários baixos, menos de dez por cento dos candidatos chineses a emprego, em média, teriam qualificações para trabalhar numa empresa estrangeira nas nove ocupações que estudámos: engenheiros, financeiros, contabilistas, analistas quantitativos, investigadores na área das ciências da vida, médicos, enfermeiros e pessoal de apoio.

Considere os engenheiros. A China tem 1,6 milhões de jovens engenheiros, mais do que qualquer outro país dos que analisámos.[2] De facto, 33 por cento dos estudantes universitários na China estudam engenharia,[3] comparativamente com 20 por cento na Alemanha e apenas quatro por cento na Índia. Mas a principal desvantagem dos candidatos chineses a empregos em engenharia, segundo os nossos entrevistados, é o enviesamento do sistema educacional para a teoria. Comparativamente com os licenciados em engenharia na Europa e na América do Norte, que trabalham em equipa para conquistar soluções práticas, os estudantes chineses adquirem pouca experiência prática em projectos ou em trabalho de equipa. O resultado dessas diferenças é que o grupo de jovens engenheiros da China qualificados para trabalhar para as empresas multinacionais é de apenas 160 mil – não maior do que no Reino Unido. Daí o paradoxo da escassez entre outros.

Para os empregos nas outras oito funções que estudámos, a fraca competência de língua inglesa foi a principal razão apontada pelos nossos entrevistados para rejeitar os candidatos chineses. Apenas três por cento desses candidatos podem ser considerados para posições generalistas de serviços (aquelas posições que não requerem um nível académico em alguma área específica). O estilo de comunicação e a adaptação cultural são também barreiras difíceis. Um profissional chinês de RH realça que, por exemplo, os engenheiros chineses de *software* teriam dificuldade em desenhar um fluxograma de informação para um hotel de cinco estrelas internacional, não porque não entendam os fluxogramas, mas porque os hotéis estatais de cinco estrelas na China – os únicos que conhecem – são muito diferentes.[4] Alguns argumentam que a disponibilidade para trabalhar durante muitas horas irá compensar quaisquer deficiências nas qualificações do talento chinês. Embora essa afirmação possa ser verdadeira até certo ponto na indústria transformadora, é provável que faça apenas uma diferença marginal nos serviços, devido às deficiências no que diz respeito às competências específicas requeridas.

Para além da reduzida qualificação global dos licenciados chineses, eles estão muito dispersos. Bem mais de 1.500 universidades e institutos produziram cerca de 1,7 milhões de licenciados em 2003 e provavelmente menos de um terço destes estudou em alguma das dez melhores cidades universitárias (ver "Estudantes dispersos"). Apenas um quarto de

Estudantes dispersos

Distribuição geográfica das universidades e dos institutos chineses,[a] 2003

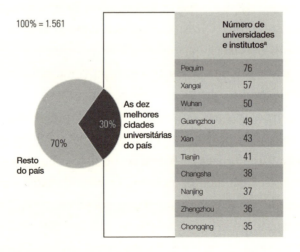

a) Exclui institutos com programas de dois anos.
Fonte: Ministério da Educação da China; análise McKinsey.

todos os licenciados chineses vivem numa cidade ou região próxima de um dos grandes aeroportos internacionais – um requisito para a maioria das multinacionais que instalam operações deslocalizadas. Outro factor problemático é a falta de mobilidade: apenas um terço de todos os licenciados chineses se desloca para outras províncias para trabalhar. (Por contraste, quase metade de todos os estudantes indianos concluem os estudos próximos de um dos grandes núcleos internacionais, como Bangalore, Deli, Hyderabad e Bombaim e a maioria está disposta a mudar-se.) Como resultado destes dois factores, as empresas de classe mundial que querem contratar mão-de-obra de serviços na China têm dificuldade em alcançar sequer metade do grupo total de licenciados.

Finalmente, as empresas que querem estabelecer operações de deslocalização de serviços na China enfrentam uma maior concorrência por talento do que aquela que enfrentariam em outros locais com salários baixos. Na Índia e nas Filipinas, por exemplo, a economia local está a crescer com menos rapidez e, portanto, trabalhar para uma empresa que fornece serviços deslocalizados é uma boa opção. Na China, as empresas nacionais e multinacionais que servem o mercado interno, em rápido crescimento, já oferecem oportunidades atractivas para licenciados qualificados e existem muitos mais empregos no sector de exportação da indústria transformadora. Como resultado, é errado assumir, como muitas empresas fazem, que qualquer jovem profissional qualificado na China está disponível para ser contratado pelo sector de deslocalização de serviços.

A APARENTE GUERRA PELO TALENTO

Ainda mais importante, as empresas que já estão na China e servem o seu mercado interno, em rápido crescimento, irão também, como o nosso estudo demonstra, ter dificuldade em encontrar colaboradores qualificados suficientes para ocupações-chave em serviços e gestão.

A procura de mão-de-obra gerada apenas pelas grandes empresas de capital estrangeiro e pelas *joint ventures* que agora operam na China ilustra bem o problema.[5] De 1998 a 2002, o emprego nessas duas categorias aumentou 12 e 23 por cento ao ano, respectivamente, para cerca de 2,7 milhões de colaboradores. Se assumirmos que 30 por cento desses colaboradores têm, pelo menos, um grau académico[6] e que a procura de mão-de-obra gerada por estas empresas continua a aumentar ao mesmo ritmo, essas empresas terão de contratar mais 750 mil licenciados entre 2003 e 2008. Estimamos que a China irá produzir 1,2 milhões de licenciados qualificados para trabalhar em empresas de classe mundial durante esse período. Assim, as grandes empresas multinacionais estrangeiras e as *joint ventures*, sozinhas, irão absorver até 60 por cento dos licenciados qualificados da China, sem que a procura gerada por multinacionais mais pequenas ou por empresas chinesas seja tomada em consideração (ver "Escassez de candidatos qualificados").

Escassez de candidatos qualificados

Oferta estimada de licenciados chineses,[a] 2003-08, milhões

a) Inclui todos os níveis universitários, com excepção da área de Medicina; os totais não coincidem com a soma, devido a arredondamentos.
b) Empresas com volume de negócios acima de 604 mil dólares em 2002 e uma força de trabalho equivalente a tempo integral (ETI) maior do que mil; exclui empregos nas empresas cujas empresas-mãe estejam sedeadas em Hong Kong, Macau e Taiwan.
c) Devido à dispersão geográfica e à falta de mobilidade; presume forte crescimento nas acessibilidades, de 51 por cento em 2005 para 83 por cento em 2008 (nível de 2005 da Índia).
Fonte: Base de dados sobre oferta de trabalho do McKinsey Global Institute.

Se estes números sugerem uma concorrência agressiva pelos melhores licenciados da China, as estatísticas sobre o desemprego confirmam essa ideia. Em 2003, apenas um por cento dos licenciados em universidades do país estavam desempregados – uma taxa quase insignificante. A taxa de desemprego entre os licenciados dos institutos chineses é um pouco mais alta, cerca de seis por cento.

Também existe escassez de gestores eficazes. Estimamos que, tendo em conta as aspirações globais de muitas empresas chinesas, nos próximos dez a 15 anos essas empresas irão necessitar de 75 mil líderes que possam trabalhar com eficácia em contextos globais; hoje possuem apenas entre três mil e cinco mil.[7] Os talentos em gestão surgem de várias fontes – de empresas deslocalizadas que formam colaboradores de níveis inferiores, de indústrias que produzem gestores com competências relevantes e de expatriados que trabalharam ou estudaram em países com economias desenvolvidas. Contudo, os colaboradores de todas estas fontes são escassos e raros na China. Embora as empresas multinacionais na China hoje formem e promovam gestores a partir de posições de entrada, o processo consome tempo e é dispendioso. Adicionalmente, com níveis tão elevados de investimento directo estrangeiro, as multinacionais recorrem frequentemente ao aliciamento de colaboradores de outras empresas. O problema é ainda pior porque são poucos os gestores intermédios que podem ser contratados a partir de empresas chinesas; apenas colaboradores a trabalhar em empresas de elevado desempenho (como a empresa de electrónica de consumo TCL) possuem as competências e os atributos culturais necessários para trabalhar para as multinacionais. Uma fonte mais abundante de talento em gestão intermédia é o grande número de chineses de grupos étnicos que preenchem lugares de gestão em empresas sedeadas em Hong Kong, Singapura e Taiwan. Estes colaboradores podem ser recrutados para a China continental, mas requerem muitas vezes pacotes "acima da média": salários e benefícios acima daquilo que se paga aos locais, embora menos do que o pacote global para os expatriados.

PORQUÊ CORRIGIR O PROBLEMA?

Uma escassez de licenciados de classe mundial em ocupações-chave como finanças, contabilidade, engenharia e gestão representa um grande problema para as multinacionais na China, para as empresas chinesas e para os responsáveis políticos do país. As empresas precisam desses licenciados para melhorarem os seus esforços de *marketing* e desenvolvimento de produto, para compreenderem as tendências de consumo, para desenvolverem o serviço ao cliente e as operações de serviço pós-venda, e para elevarem os padrões financeiros e contabilísticos locais. A longo prazo, a economia da China, como um todo, vai precisar de mais destes licenciados se tiver a pretensão de competir num mundo para além das áreas mais modestas e de trabalho intensivo da indústria transformadora, nas quais é hoje líder global.

À medida que as economias se desenvolvem, evoluem da indústria transformadora, de trabalho intensivo, para áreas de maior valor acrescentado, nomeadamente *marketing*, concepção de produto e produção de bens intermédios sofisticados. A indústria têxtil e de vestuário do Norte da Itália, por exemplo, deslocou a maior parte da produção de vestuário para locais com menores custos de mão-de-obra, mas o emprego permanece estável porque as empresas aplicaram mais recursos em tarefas como a concepção das roupas e a coordenação das redes de produção globais. De igual modo, na indústria automóvel dos EUA a importação de automóveis acabados do México aumentou rapidamente depois da entrada em vigor do

Acordo de Comércio Livre da América do Norte,* mas ao mesmo tempo as exportações de peças automóveis dos EUA para o México quadruplicaram, permitindo que muito do trabalho mais intensivo a nível de capital – e muitos dos empregos mais bem pagos – permanecessem nos EUA.[8]

Com um excedente estimado de 150 milhões de trabalhadores rurais sem qualificações,[9] que podem ser contratados principalmente por empresas da indústria transformadora, a China está muito longe de desenvolver uma economia de serviços orientada para o cliente. Não obstante, os responsáveis políticos devem fazer disso a sua ambição máxima. Nenhum país consegue permanecer como a fábrica de baixo custo do mundo para sempre e, se o tentasse, os níveis de vida iriam estagnar nos níveis de hoje – ou até entrar em declínio. A economia da China de hoje está muito vocacionada para a indústria transformadora e o sector dos serviços está claramente subdesenvolvido (ver "O sector subdesenvolvido dos serviços na China"). No entanto, na China, como em todas as economias, os serviços serão o futuro motor do crescimento do emprego. De acordo com a Alliance Capital Management, o sector transformador do país perdeu 15 milhões de empregos entre 1995 e 2002, quando grandes fábricas de capital público reestruturaram as suas operações. À medida que a produtividade no sector transformador aumentar, serão destruídos ainda mais empregos.

A criação de condições para atracção de operações deslocalizadas de serviços irá ajudar a China a subir na cadeia de valor. O país tem algumas vantagens importantes nesta área, designadamente os baixos custos da mão-de-obra, um grande mercado interno e infra-estruturas de qualidade relativamente elevada. As actividades deslocalizadas de serviços são frequentemente desenvolvidas a partir

---

* **N. T.** Também conhecido por NAFTA – North American Free Trade Agreement.

O sector subdesenvolvido dos serviços na China

Percentagem do PIB, 2003

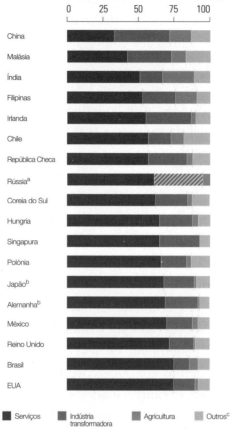

a) A discriminação relativa à indústria transformadora e outros não está disponível.
b) Os totais não coincidem com a soma devido a arredondamentos.
c) Mineração, construção, electricidade, água e gás
Fonte: 2005 World Development Indicators, Banco Mundial; análise McKinsey.

de operações existentes, pelo que é mais provável que o sector de deslocalização de serviços da China surja como uma derivação das actividades das empresas que já lá operam.

As empresas farmacêuticas e de *software* irão provavelmente tomar a dianteira, pois nestas indústrias algumas multinacionais já estabeleceram operações de I&D na China para adaptar os produtos às necessidades locais. Várias empresas utilizam hoje a capacidade cada vez maior das suas instalações de I&D chinesas para servir também os mercados externos. As empresas farmacêuticas podem também efectuar ensaios clínicos maiores, e portanto mais rápidos, na China de forma mais barata, reduzindo assim os custos globais com o desenvolvimento de produtos, bem como os tempos de aprovação e comercialização. Adicionalmente, a China continental pode emergir como a base para a deslocalização de processos de negócios por multinacionais que servem populações que falam chinês noutros locais do mundo –como Hong Kong, Singapura e Taiwan – se o país solucionar a sua aparente escassez de mão-de-obra qualificada.

RESOLVER A QUESTÃO DA ESCASSEZ

A melhoria da qualidade dos licenciados da China será um esforço de longo prazo, mas mesmo melhorias modestas poderiam fazer uma grande diferença. Se a proporção de licenciados chineses em engenharia preparados para trabalhar em empresas globais aumentasse dos actuais dez para 25 por cento (como acontece na Índia), o grupo chinês de jovens engenheiros qualificados estaria entre os maiores do mundo até 2008.

Como pode a China melhorar a qualidade dos seus licenciados? Primeiro, deve alterar a forma como financia as suas universidades. As despesas com o ensino superior estão a crescer consideravelmente depressa – entre 2000 e 2002, em mais de 50 por cento. No entanto, o número de estudantes aumentou ainda mais, pelo que as despesas em educação por estudante caíram cinco por cento. O financiamento está também distribuído de forma pouco equilibrada no país: em Pequim, a despesa média por estudante é mais do que 30 por cento superior à de Xangai, que vem em segundo lugar, e mais do dobro do nível de despesa em 25 das 31 províncias. Deveria ser canalizado mais investimento para a melhoria da qualidade do que para o aumento da quantidade e os fundos para instituições em locais fora de Pequim e Xangai deveriam aumentar drasticamente.

Além disso, a China deve continuar a melhorar o seu ensino do inglês. Desde 2001, o Ministério da Educação tem exigido que todos os alunos iniciem a sua aprendizagem de inglês a partir do 3.º ano. Este é um passo na direcção certa e proporcionará dividendos a longo prazo, mas as turmas de inglês são ainda muito grandes, mesmo nas universidades, porque há escassez de professores.[10] Adicionalmente, não se dá atenção suficiente às competências de conversação. Para resolver estes dois problemas, a China deve formar muitos mais professores de inglês e fazer mais para recrutar outros no estrangeiro.

No futuro previsível, as próprias empresas terão de investir mais na formação e no desenvolvimento do talento que precisam. Quando a Microsoft, por exemplo, subcontratou parte do seu suporte técnico baseado na *Web* à Shanghai Wicresoft, uma *joint venture* com o governo municipal de Xangai que emprega 400 pessoas, contratou dez nativos de inglês norte-americano para ensinar o protocolo e o estilo de escrita norte-americano de *e-mail* aos seus colegas chineses. Estes formadores dão aulas de inglês e encontram-se, numa base individual, com colaboradores chineses para avaliar o seu progresso, um esforço que aumenta os custos da *joint venture* com pessoal em cerca de 15 por cento,[11] mas que acelera o desenvolvimento das competências linguísticas dos colaboradores chineses. Outras empresas estrangeiras estão a desenvolver cursos de formação em Gestão, por vezes em colaboração com as escolas de Gestão locais, para melhorar as competências dos actuais gestores intermédios e de topo.[12]

As empresas também podem trabalhar com os responsáveis políticos e líderes universitários para tornar os currículos – não apenas nas universidades de topo, mas também em todo o sistema universitário – mais em conformidade com as necessidades da indústria. Os projectos de *software* são esforços de equipa que requerem mais competências de aplicação do que conhecimento teórico, competências essas que faltam aos licenciados chineses de acordo com os gestores de empresas multinacionais. Em resposta, a Microsoft estabeleceu parcerias com quatro universidades na China para instalar laboratórios de *software* onde os estudantes internos podem aprender competências práticas de desenvolvimento de *software*. Outras empresas deveriam adoptar políticas idênticas. Estes programas educacionais público-privados tornam os estudantes mais qualificados para empregos em empresas de classe mundial e facilitam a futura transição para cargos de gestão intermédia.

Finalmente, os responsáveis políticos da China devem assegurar que os seus muitos estudantes no estrangeiro regressam a casa, dado que uma proporção relativamente grande possui as competências necessárias para trabalhar para as multinacionais. Em 2003, cerca de 120 mil estudantes chineses estavam fora do país – o maior número entre todos os 28 países cuja oferta de licenciados foi analisada pelo MGI. Além de que metade destes estudantes chineses estavam a viver nos EUA, o maior mercado externo ligado à China. A diáspora da Índia, incluindo as pessoas que regressaram à sua terra natal, desempenhou um papel importante no crescimento do sector de serviços de TI e de processos de negócios indiano, enquanto ajudou a atenuar a escassez de gestores do país. A China também necessita dos seus expatriados.

A China enfrenta uma aparente escassez de mão-de-obra que pode não só atrasar o seu crescimento económico, como também a sua evolução na cadeia de valor. As reformas do sistema educacional – incluindo uma maior ênfase nas competências práticas e linguísticas – ajudarão o país a suprir a sua escassez de mão-de-obra qualificada.

Os autores gostariam de agradecer as contribuições de Martha Laboissière, Jaeson Rosenfeld, Sascha Stürze e Fusayo Umezawa.

Diana Farrell e Andrew J. Grant,
The McKinsey Quarterly, 2005 Número 4.

4

QUEM GANHA COM A DESLOCALIZAÇÃO?

Vivek Agrawal e Diana Farrell

SÍNTESE:

As empresas nos EUA que optimizam as suas receitas através da deslocalização estão a criar um aumento líquido da riqueza para *os dois* países envolvidos.

A deslocalização devolve benefícios directos importantes para a economia norte-americana na forma de redução de custos, novas receitas e lucros repatriados, e indirectamente ajuda a criar novos empregos para os trabalhadores dispensados.

A flexibilidade dos mercados de trabalho norte-americanos e a mobilidade dos seus trabalhadores possibilitam aos EUA criar, a médio prazo, novos empregos mais depressa do que a deslocalização os elimina.

No entanto, as empresas e o governo devem investir na atenuação das adversidades sentidas pelos trabalhadores dispensados pela deslocalização que apenas conseguem encontrar trabalho de substituição com salários mais baixos ou que não encontram outro novo emprego.

Valores amplamente divulgados estimam que, até 2015, aproximadamente 3,3 milhões de empregos norte-americanos de processos de negócios terão sido transferidos para o estrangeiro.[1] Em Julho de 2003, cerca de 400 mil empregos já tinham sido transferidos. Outros estudos sugerem que o número de empregos norte-americanos de serviços perdidos para a deslocalização irá acelerar a um ritmo de 30 a 40 por cento anualmente durante os próximos cinco anos.[2] As grandes diferenças salariais estão a incitar as empresas a transferir os seus empregos de serviços de mão-de-obra intensiva para países com salários baixos: por exemplo, os programadores de *software*, que custam 60 dólares por hora nos EUA, o país que mais deslocaliza no mundo, custam apenas seis dólares por hora na Índia, o maior mercado para serviços deslocalizados.

Estas estimativas causaram alarme nos EUA. Em Fevereiro de 2003, a capa da *BusinessWeek* questionava: "O seu trabalho será o próximo?" Em Junho, o Comité para os Pequenos Negócios* da Câmara dos Representantes dos Estados Unidos da América presidiu a uma audiência sobre: "A globalização de empregos de 'colarinho branco':** podem os EUA perder esses empregos e ainda assim prosperar?" Vários estados norte-americanos estão a ponderar aprovar legislação que proíba ou limite severamente o seu governo estadual de contratar empresas que transferem empregos para países em desenvolvimento com salários baixos[3] e os sindicatos, designadamente o Communications Workers of America,*** fazem pressão junto do Congresso para impedir a deslocalização. No entanto, o favorecimento do proteccionismo seria errado. Muitos acreditam que o que se gastou na compra de serviços no exterior está perdido para a economia norte-americana,

---

*   N. T. No original, *Committee on Small Business*.
**   N. T. Colaboradores que trabalham no escritório, em contraste com os de "colarinho azul", que são os que trabalham na fábrica.
***   N. T. Sindicato dos trabalhadores ligados às comunicações e aos *media*.

mas estes pontos de vistas podem ser facilmente refutados. As empresas deslocalizam os serviços do seu negócio, porque assim podem fazer mais dinheiro – o que significa que é criada riqueza tanto para os EUA como para o país que recebe os empregos. Um estudo do McKinsey Global Institute revela a extensão dos benefícios mútuos.[4]

Como o estudo demonstra, por cada dólar que era anteriormente gasto em processos de negócios nos EUA e que agora vai para a Índia, a Índia ganha um benefício líquido de pelo menos 33 cêntimos, na forma de impostos governamentais,[5] salários pagos pelas empresas norte-americanas e receitas ganhas por fornecedores indianos de serviços de processos de negócios e seus fornecedores (ver "O valor da deslocalização para a Índia"). Qual o impacto na economia norte-americana? Primeiro, é importante contextualizar os números, pois o receio de perda de empregos faz com que muitos exagerem os efeitos da deslocalização. Cerca de 70 por cento dos empregos nos EUA são em indústrias de serviços como retalho, *catering* e cuidados pessoais. Este trabalho, pela sua própria natureza, não pode ser deslocalizado para o exterior.

O valor da deslocalização para a Índia

Benefício por cada dólar de despesa deslocalizada dos EUA,[a] 2002, dólares

Sector da deslocalização	Trabalho	0,10
	Lucros retidos na Índia	0,10
Fornecedores[b]		0,09
Impostos	Governo Central[c]	0,03
	Governo Estadual[d]	0,01
	Benefício líquido para a Índia	**0,33**

a) Estimado; exemplo da indústria deslocalizada de serviços da Índia.
b) Inclui receitas respeitantes às indústrias fornecedoras deduzidas do imposto sobre as vendas, do imposto sobre o rendimento dos trabalhadores e do imposto sobre os lucros.
c) Inclui imposto sobre o rendimento dos trabalhadores activos, quer no sector deslocalizado dos serviços, quer nas indústrias fornecedoras, bem como o imposto sobre os lucros dos fornecedores de segunda e terceira linha.
d) Inclui imposto sobre as vendas de fornecedores de segunda e terceira linha e receitas dos direitos de venda para os prestadores deslocalizados de serviços (os lucros dos prestadores estão isentos de impostos).

Adicionalmente, qualquer perda de empregos deve ser encarada como parte de um processo contínuo de reestruturação económica, com o qual a economia norte-americana está muito familiarizada. As alterações tecnológicas, as crises económicas, as alterações nas tendências de consumo, a reestruturação empresarial e a política pública (incluindo a liberalização das trocas comerciais e a regulação ambiental) podem e frequentemente resultam numa perda de empregos. Mesmo quando a economia está a crescer, os despedimentos colectivos – normalmente devido a reestruturações – são muito superiores à perda de empregos estimada devido à deslocalização.[6] Em 1999, por exemplo, 1,15 milhões de trabalhadores perderam os seus empregos através de despedimentos colectivos, de um total de 2,5 milhões de empregos perdidos. As economias liberalizadas e competitivas, com mercados de trabalho flexíveis, conseguem geralmente lidar com estas reestruturações: a economia norte-americana, a economia mais dinâmica do mundo, certamente deverá ser capaz de o fazer. De facto, a história sugere que, a médio e longo prazo, um mercado de trabalho flexível e a mobilidade dos trabalhadores norte-americanos tornarão possível aos EUA criar novos empregos mais depressa do que a deslocalização os destrói.

Os EUA têm actualmente mais de 130 milhões de trabalhadores activos. De acordo com a Organização de Cooperação e Desenvolvimento Económico (OCDE), os EUA têm a taxa mais elevada de reintegração no activo entre todos os países da OCDE por um valor de quase dois pontos. Nos últimos dez anos, foram criados, em média, 3,5 milhões de empregos no sector privado por ano, para um total de 35 milhões de novos empregos, pelo que a maioria dos trabalhadores que perde o seu emprego consegue encontrar outro no prazo de seis meses. Os empregos perdidos para concorrentes estrangeiros com salários baixos não são tão fáceis de substituir. Não obstante, entre 1979 e 1999, 69 por cento daqueles que perderam os seus empregos como resultado de importações mais baratas em sectores para além da indústria transformadora foram reintegrados noutros empregos.[7] O salário médio desses trabalhadores reintegrados foi equivalente a 96,2 por cento do seu salário anterior.

Finalmente, tenha em consideração que a população dos EUA está a envelhecer. Aos níveis actuais de produtividade, o país necessitará de cinco por cento, ou 15,6 milhões, de mais trabalhadores até 2015 para manter tanto o rácio actual entre trabalhadores no activo e a população total, como o seu nível de vida. Até 2015, apesar dos receios actuais sobre a perda de empregos devido à deslocalização, a economia norte-americana irá necessitar de mais, não menos, trabalhadores. A deslocalização é uma forma de ir ao encontro dessa necessidade.

Todavia, focalizar o debate sobre a deslocalização na perda de empregos é não ter em conta o factor mais importante: a deslocalização cria valor para a economia norte-americana ao criar valor para as empresas norte-americanas e ao libertar os recursos norte-americanos para actividades de maior valor acrescentado. A deslocalização cria valor de quatro formas:

- *Poupança de custos.* Por cada dólar gasto em serviços do negócio que são deslocalizados, as empresas norte-americanas poupam 58 cêntimos, principalmente em salários. Os serviços deslocalizados são idênticos aos que são substituídos – e por vezes até melhores, pois os trabalhadores deslocalizados, que recebem salários superiores ao que é habitual pagar-se no seu país, têm tendência a estar mais motivados. A redução de custos é, em larga medida, a principal fonte de criação de valor para a economia norte-americana.

- *Novas receitas.* As empresas indianas que fornecem os serviços deslocalizados necessitam elas próprias de bens e serviços, desde computadores e equipamento de telecomunicações a competências específicas nas áreas jurídica, financeira e de *marketing*. Frequentemente, estes bens e serviços são adquiridos a empresas norte-americanas. Estimamos que, por cada dólar de despesa que é deslocalizado, os fornecedores de serviços deslocalizados comprem o equivalente a cinco cêntimos adicionais em bens e serviços nos EUA. As exportações dos EUA para a Índia situavam-se em 4,1 mil milhões de dólares em 2002, comparativamente com menos de 2,5 mil milhões de dólares em 1990.

- *Lucros repatriados.* Muitos dos fornecedores indianos de serviços deslocalizados são, na verdade, empresas norte-americanas que repatriam lucros. Estas empresas geram 30 por cento das receitas da indústria deslocalizada indiana. Assim, cada dólar gasto na deslocalização cria quatro cêntimos adicionais em valor para os EUA.

- *Reafectação da mão-de-obra.* Além dos benefícios directos para os EUA, na forma de poupanças, novas exportações e lucros repatriados, a deslocalização pode beneficiar indirectamente a economia: ganhos de capital podem ser investidos na criação de novos empregos para os quais a mão-de-obra estará disponível. De facto, isto é exactamente o que aconteceu ao longo das últimas duas décadas, à medida que os empregos na indústria transformadora foram deslocalizados. O Bureau of Labor Statistics reporta que o mercado de trabalho global na indústria transformadora perdeu dois milhões de empregos nos últimos 20 anos. Mas os trabalhadores têm tido facilidade em encontrar empregos noutras áreas, como em serviços educacionais ou em cuidados de saúde. Estes empregos de serviços, em média, pagam mais do que os empregos da indústria transformadora que substituíram, ajudando a melhorar o nível de vida da população.

O mesmo pode bem acontecer novamente. À medida que os empregos em *call centers*, funções de *back office* e funções repetitivas de TI são deslocalizados, irão surgir oportunidades para formar os trabalhadores e investir capital para criar oportunidades em ocupações de maior valor acrescentado, como a investigação e a concepção. O Bureau of Labor Statistics estima que entre 2000 e 2010 haverá uma criação líquida de cerca de 22 milhões de novos empregos na economia, principalmente em serviços de negócios, cuidados de saúde, serviços sociais, transportes e comunicação. (Ver "O valor da deslocalização para os EUA").

O valor que será criado desta forma dependerá do desempenho económico futuro do país. As tendências históricas podem servir de guia. Se utilizarmos as estatísticas sobre reintegração no activo e níveis salariais já referidas – 69 por cento dos trabalhadores dos sectores não industriais são reintegrados no activo com salários equivalentes a 96,2 por cento dos salários anteriores – e tomarmos em consideração que 72 cêntimos de cada dólar deslocalizado eram antes gastos em salários

O valor da deslocalização para os EUA

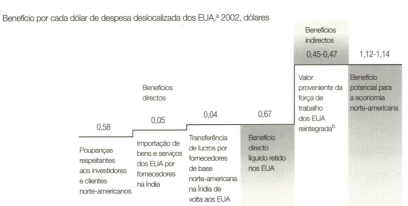

Benefício por cada dólar de despesa deslocalizada dos EUA,[a] 2002, dólares

a) Estimado; exemplo da indústria deslocalizada de serviços da Índia.
b) Estimativa conservadora baseada nos níveis históricos de reintegração no activo e níveis salariais; o valor criado pela melhoria global da competitividade das empresas norte-americanas e pelo efeito multiplicador do aumento das poupanças iriam provavelmente aumentar o valor criado.

norte-americanos,[8] o benefício indirecto para a economia norte-americana pode atingir uns 45 a 47 cêntimos adicionais por cada dólar gasto na deslocalização. Esta é uma estimativa conservadora, dado que os trabalhadores nos serviços de TI e nos serviços de negócios têm tendência a encontrar empregos mais rapidamente do que os trabalhadores no sector dos serviços como um todo, e dado que as alterações demográficas irão aumentar a procura de trabalhadores.

Desta forma, a deslocalização, longe de ser prejudicial aos EUA, cria valor líquido para a economia. A deslocalização recupera directamente 67 cêntimos por cada dólar gasto que vai para o exterior e indirectamente pode conseguir uns 45 a 47 cêntimos adicionais – produzindo um ganho líquido de 12 a 14 cêntimos por cada dólar de custos deslocalizado.

A criação de riqueza total possível não diminui, naturalmente, a situação difícil daqueles que perderam os seus empregos ou que apenas encontram empregos com salários mais reduzidos. As estatísticas que mostram que 69 por cento daqueles que perderam os empregos nos sectores não transformadores foram reintegrados no activo também mostram que 31 por cento *não* foram totalmente reintegrados. E embora, em média, aqueles que encontraram novos empregos tenham assegurado salários idênticos (equivalente a 96,2 por cento dos salários anteriores), 55 por cento tiveram de aceitar empregos com salários mais baixos. Cerca de 25 por cento aceitaram salários 30 por cento, ou mais, abaixo dos salários anteriores.

Estes problemas têm de ser resolvidos. Programas de formação e pacotes generosos de compensação, talvez acompanhados por planos inovadores de seguros (ver "Aliviar a dor dos trabalhadores" no final do capítulo), estão entre as medidas que podem atenuar os efeitos da transição sem grande custo para a economia. E enquanto muitos irão sem dúvida sofrer rupturas no curto prazo, isso deve ser comparado com as consequências da resistência à mudança: se as empresas norte-americanas não puderem transferir empregos para o exterior, irão tornar-se menos competitivas – enfraquecendo a economia e pondo em perigo mais empregos – e falhar a oportunidade de aumentar a sua produtividade concentrando-se na criação de empregos de maior valor acrescentado.

A abertura da economia norte-americana e a sua inerente flexibilidade – particularmente a do seu mercado de trabalho – são duas das suas maiores forças reconhecidas. O perigo é que a política pública torne a sua economia menos flexível. Enveredar por esse caminho colocaria em perigo o bem-estar económico dos EUA.

Aliviar a dor dos trabalhadores

Como parte dos pacotes de compensação, e por uma pequena percentagem das poupanças obtidas com a deslocalização, as empresas poderiam adquirir seguros com uma cobertura para perda de salários para os trabalhadores dispensados. Com base numa proposta de seguro que Lori Kletzer (da Universidade da Califórnia, em Santa Cruz) e Robert Litan (da Brookings Institution) desenvolveram para trabalhadores dispensados pelas trocas comerciais na indústria transformadora,[a] o McKinsey Global Institute estima que, por apenas quatro ou cinco por cento das poupanças que as empresas obtêm com a deslocalização, seria possível assegurar uma cobertura a todos os trabalhadores a tempo integral que perderam os seus empregos em resultado disso. Este plano poderia compensar esses trabalhadores em 70 por cento dos salários que perderam desde que foram dispensados até ao momento em que fossem reintegrados no activo, bem como oferecer subsídios para cuidados de saúde com duração até dois anos.

Vivek Agrawal e Diana Farrell

McKinsey Quarterly, 2003, Edição Especial: *Direcções globais.*

---

a) Lori Kletzer e Robert Litan, "A prescription to relieve worker anxiety", Policy Brief 01-2, Institute for International Economics, Fevereiro de 2001.

5
A VERDADE SOBRE O INVESTIMENTO DIRECTO ESTRANGEIRO NOS MERCADOS EMERGENTES

Diana Farrell, Jaana K. Remes e Heiner Schulz

SÍNTESE:

Os nossos estudos sobre os efeitos locais do investimento directo estrangeiro num conjunto de indústrias e países demonstram que as economias receptoras se apropriam de benefícios significativos do investimento directo estrangeiro (IDE), na forma de maior produção para o mercado, maior produtividade e melhor nível de vida.

Os incentivos utilizados pelos países em desenvolvimento para aliciar as multinacionais e as restrições que aplicam para proteger a indústria local são muito ineficazes e frequentemente contraproducentes.

O capital aplicado para melhorar as infra-estruturas locais e a estabilidade económica maximiza o investimento estrangeiro de forma mais eficaz do que os incentivos directos.

As regulações que exigem que as empresas estrangeiras utilizem recursos industriais locais têm tendência a ter um resultado contrário ao desejado, pois reduzem a competitividade das empresas locais, tornando a economia em questão menos atractiva para os investidores.

Um aumento da actividade das multinacionais nos países em desenvolvimento abriu um novo capítulo na globalização. O que era antes uma actividade marginal nos mercados emergentes tornou-se agora essencial para a competitividade e o crescimento de muitas empresas estrangeiras. Em 2002, estas empresas investiram 162 mil milhões de dólares nos países em desenvolvimento, contrastando com apenas 15 mil milhões em 1985. Hoje os seus investimentos valem mais de dois biliões de dólares e continuam a aumentar.

Os governos nos mercados emergentes estão, compreensivelmente, ansiosos por captar a sua parte desse capital estrangeiro, bem como a tecnologia e as competências de gestão que o acompanham. As empresas estrangeiras beneficiam de isenção de impostos, isenção dos direitos aduaneiros de importação, subsídios para compra de terrenos e energia e outros incentivos, todos oferecidos pelos países em desenvolvimento na convicção de que esta é a forma de atrair as multinacionais. Por cada emprego criado, os incentivos podem somar dezenas de milhares de dólares anualmente – em alguns casos, mais de 200 mil dólares em valor actual líquido.

Ainda assim, embora os países em desenvolvimento distribuam incentivos lucrativos para atrair o investimento estrangeiro, eles desconfiam frequentemente das empresas multinacionais. Na tentativa de proteger a indústria interna e de assegurar que o investimento estrangeiro beneficia a economia local, muitos destes países restringem a forma como as empresas estrangeiras podem operar.

Todavia, um novo estudo do McKinsey Global Institute descobriu que tanto os incentivos utilizados para atrair o investimento directo estrangeiro, como as restrições colocadas a esse investimento são muito ineficazes.[1] Pior do que isso, são frequentemente contraproducentes, custando a esses governos milhões de dólares anualmente, protegendo empresas ineficientes e degradando o nível de vida e a produtividade. O nosso estudo demonstra que, independentemente do enquadramento político, a indústria ou o período estudado, o investimento directo estrangeiro pode beneficiar enormemente os países em desenvolvimento. No entanto, para tirar o máximo partido dele, esses países devem fortalecer as bases das suas economias, incluindo as infra-estruturas, o contexto jurídico e regulatório e o nível de concorrência.

É BOM PARA OS MERCADOS EMERGENTES

O investimento directo estrangeiro de empresas multinacionais em mercados emergentes é, talvez, a forma mais controversa de globalização. Os críticos, que afirmam que as empresas estrangeiras exploram os trabalhadores pobres e desprezam as leis laborais, tendem a focalizar-se nos abusos reportados. Os defensores, argumentando que o investimento estrangeiro resulta em transferência de capital, tecnologia e empregos novos aos países que necessitam deles, baseiam-se em informação macroeconómica e em abordagens econométricas que, na melhor das hipóteses, produzem respostas informadas.

Para trazer novos factores a este debate, frequentemente emocional, calculámos o impacto do investimento directo estrangeiro nas indústrias locais – quer na indústria transformadora, quer nos serviços – no Brasil, na China, na Índia e no México. As indústrias incluíam os sectores automóvel, bancário, electrónica de consumo, retalho alimentar e subcontratação de TI e de processos de negócios. Em cada umas das 14 indústrias estudadas, observámos a dinâmica da indústria, a produtividade do sector, os resultados, o emprego e os preços antes e depois de as empresas estrangeiras entrarem no mercado. Também realizámos entrevistas com executivos estrangeiros e locais.

Em 13 dos nossos 14 casos, o investimento directo estrangeiro ajudou, sem qualquer margem de dúvida, a economia receptora (ver "Positivo, sem margem de dúvida"). Esse investimento aumentou a produtividade e os resultados nos sectores envolvidos, ampliando consequentemente o rendimento nacional, ao mesmo tempo que reduziu os preços e melhorou a qualidade e a selecção dos serviços e produtos para os consumidores. Mais do que ser benéfico apenas em certos casos, o investimento estrangeiro gerou quase sempre externalidades positivas para o resto da economia.

Positivo, sem margem de dúvida

Motivo para a entrada de empresas estrangeiras	Negativo	Neutro	Positivo	Muito positivo
Procurar novos mercados		• Banca de retalho, Brasil[b]	• Retalho alimentar, Brasil • Retalho alimentar, México • Banca de retalho, México	• Electrónica de consumo, China[c]
Evitar taxas aduaneiras[a]			• Automóvel, Brasil • Automóvel, China • Electrónica de consumo, Brasil • Electrónica de consumo, Índia	• Automóvel, Índia
Procurar maior eficiência			• TI, Índia	• Automóvel, México • Subcontratação de processos de negócios, Índia • Electrónica de consumo, China[c] • Electrónica de consumo, México

Impacto do investimento directo estrangeiro na economia receptora[d]

a) Abordagem de procura de mercado, através da qual uma empresa tem acesso a novos mercados (protegidos das importações através de taxas aduaneiras e outras barreiras às trocas comerciais) com a instalação de produção nesses mercados.
b) Um motivo por que os bancos estrangeiros no Brasil tiveram apenas um impacto limitado na produtividade foi o facto de os melhores bancos locais já serem altamente eficientes, pelo que a entrada de novas empresas estrangeiras apresentava poucas oportunidades para melhorar o desempenho.
c) As empresas neste sector tinham dois motivos para entrar nos mercados.
d) Classificação qualitativa baseada na combinação entre produtividade, resultados do sector, nível de emprego/salários e selecção de preços/produtos pelos consumidores, entre outros.

O NÍVEL DE VIDA MELHORA

Talvez o maior benefício do investimento directo estrangeiro – e que raramente é discutido – é a sua capacidade para aumentar o nível de vida local. Estimamos, contrariamente à percepção popular, que cerca de 80 por cento dos investimentos estrangeiros são hoje efectuados por empresas que entram nos mercados locais e vendem aí os seus produtos, e não por empresas que produzem bens baratos para exportação. O Carrefour, por exemplo, está a abrir lojas no Brasil, o Citibank está a instalar balcões no México e a Susuki Motor está a construir e a vender automóveis na Índia.

Os consumidores locais são os grandes beneficiados com o investimento de procura de mercado. Em quase todos os nossos *case studies*, os consumidores beneficiaram de preços mais baixos ou de uma melhor selecção de bens e serviços – ou ambos – após a chegada das empresas estrangeiras. O preço dos automóveis de passageiros na China, por exemplo, diminuiu em mais de 30 por cento entre 1995 e 2001, nos anos em que a Ford Motor, a GM e a Honda Motor entraram no mercado. (Mas as taxas aduaneiras continuam a manter os preços muito mais altos do que deveriam ser). No México, o lema "preços baixos todos os dias" da Wal-Mart acabou com uma longa história de margens elevadas para os principais retalhistas do país, ao ponto de alguns analistas mencionarem que a empresa ajudou a reduzir a taxa de inflação do país. Na Índia, o preço dos aparelhos de ar condicionado, das televisões e das máquinas de lavar caiu cerca de dez por cento só em 2001, após a entrada de empresas estrangeiras no mercado.

Os preços diminuem porque as empresas estrangeiras melhoram a eficiência e a produtividade do sector ao transferirem capital, tecnologia e competências de gestão novas e ao forçarem as empresas nacionais menos eficientes a melhorar as suas operações ou a sair do mercado. Embora algumas empresas já estabelecidas possam perder quota de mercado, os consumidores beneficiam de preços mais baixos, que em muitos casos leva a um forte crescimento da procura e à criação de nova riqueza.

Considere a indústria automóvel da Índia. Até ao início dos anos de 1980, o mercado local protegido era dominado por duas empresas altamente ineficientes: a Hindustan Motors (HM) e a PAL, que ofereciam apenas dois modelos de automóveis, com base em tecnologia da década de 1970 e que custavam cerca de 20 mil dólares. Em 1983, o governo autorizou a Susuki a estabelecer uma *joint venture* com a Maruti Udyog, uma empresa de capitais públicos. Em poucos anos, já existiam oito modelos à venda e a qualidade de todos os automóveis

A concorrência aumenta a produtividade

Produtividade do trabalho no sector automóvel na Índia; índice: automóveis produzidos por colaborador = 100 em 1992-93

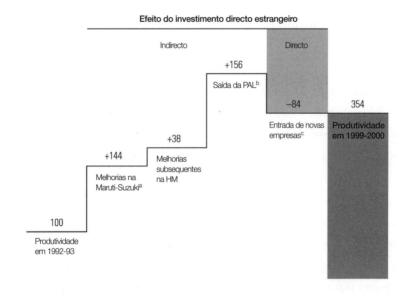

a) Tais como uma maior automação da fábrica e um maior uso de fornecedores.
b) Em 1991-93, a PAL utilizou dez mil colaboradores para produzir 15 mil automóveis, enquanto a Maruti-Suzuki utilizou quatro mil colaboradores para produzir 122 mil automóveis.
c) A produtividade global diminuiu porque os novos concorrentes, aos quais faltava a vantagem da escala, eram menos produtivos do que a Maruti-Suzuki.

no mercado, incluindo os da HM e da PAL, tinha melhorado drasticamente. Em 1992, o governo levantou muitas das barreiras que ainda subsistiam para os fabricantes estrangeiros e 12 deles entraram no mercado. Desde então, os níveis de produtividade do sector têm continuado a aumentar rapidamente, em parte devido à saída da PAL do mercado (ver "A concorrência aumenta a produtividade"). Hoje, pelo menos 30 modelos diferentes de automóveis estão à venda na Índia e os preços em todos os segmentos têm descido de forma constante entre oito a dez por cento ao ano. Como resultado, a procura local explodiu e a indústria triplicou a sua dimensão.

SÃO CRIADOS BONS EMPREGOS

Os críticos mais ferozes da globalização focalizam-se frequentemente noutro tipo de investimento directo estrangeiro, realizado por empresas que procuram produzir bens baratos para depois os exportarem. Descobrimos, contudo, que estes investimentos de procura de eficiência são de facto ainda mais positivos para a economia local, porque criam empregos e aumentam os resultados, sem representarem uma ameaça para as empresas nacionais.

O investimento directo estrangeiro na Índia, por exemplo, tem contribuído para a criação de uma indústria de *software* e de subcontratação superior a dez mil milhões de dólares por ano, que dá trabalho a 500 mil colaboradores em empregos de "colarinho branco" em empresas estrangeiras. As projecções sugerem que esta indústria irá dar trabalho a dois milhões de pessoas até 2008. No México, as empresas norte-americanas existentes ao longo da fronteira com os EUA dão trabalho a 1,1 milhões de pessoas que montam electrónica de consumo e outros bens para serem exportados para os EUA. Na China, as empresas multinacionais estimularam o crescimento do sector da electrónica de consumo, que hoje dá trabalho a 863 mil pessoas e gera 1,7 mil milhões de dólares por ano em receitas líquidas de exportação.

Contrariamente ao que os críticos defendem, os nossos *case studies* demonstraram que em todos os casos as empresas estrangeiras, tanto as orientadas para a exportação como as outras, pagaram salários que eram pelo menos equivalentes, e na maioria dos casos superiores, aos salários oferecidos pelos concorrentes nacionais. Os salários no sector da subcontratação de processos de negócios na Índia, por exemplo, são 50 a cem por cento superiores aos praticados noutros sectores de "colarinho branco" que requerem competências semelhantes. Na indústria automóvel chinesa, os produtores estrangeiros oferecem aos trabalhadores em linhas de montagem não qualificados mais do dobro do que é oferecido aos trabalhadores não qualificados na indústria transformadora. A maioria oferece também mais benefícios, como seguro de saúde, transporte e formação. Os salários reais nas empresas de montagem automóvel no México, todas elas estrangeiras, cresceram mais de 16 por cento ao ano desde 1990, de níveis que já estavam bastante acima da média do país na indústria transformadora – ultrapassando largamente o crescimento da produtividade. As empresas estrangeiras pagam salários superiores para atrair os melhores colaboradores, aumentar a sua motivação e reduzir a rotatividade de emprego, sem deixarem de beneficiar de poupanças significativas na mão-de-obra.

As empresas que concretizam investimento directo estrangeiro apoiado na exportação não representam uma ameaça aos produtores nacionais, porque essas empresas estrangeiras não competem por quota de mercado ao nível local. Pelo contrário, as empresas nacionais têm frequentemente mais a ganhar, já que as empresas estrangeiras procuram distribuidores e fornecedores locais. Elas podem também beneficiar imitando e apoiando-se nas actividades da concorrência estrangeira, como as empresas chinesas de electrónica de consumo e alta tecnologia nacionais e as formidáveis empresas de subcontratação da Índia têm feito.

A LOUCURA DOS INCENTIVOS

Os governos em todo o mundo tentam cativar investimento directo estrangeiro através da oferta de onerosas isenções fiscais, isenções sobre taxas aduaneiras de importação, subsídios à aquisição de terrenos e energia e outros incentivos. No entanto a nossa pesquisa sugere que estes incentivos são muito ineficazes.

Em muitos casos, os governos oferecem somas substanciais para investimentos que, de qualquer forma, teriam sido realizados. A Índia, por exemplo, isentou do imposto de 35 por cento sobre os lucros das empresas aquelas que deslocalizaram para o país os seus empregos de processamento de *back office* e de TI – uma concessão que vale anualmente cerca de seis mil dólares por cada colaborador de TI a tempo integral e dois mil dólares por cada colaborador de processamento de *back office*. Estas medidas, à semelhança de concessões similares nas Filipinas, podem ter sido necessárias para compensar o risco considerado quando a indústria estava no seu início. Contudo, são quase certamente irrelevantes hoje em dia, quando a Índia controla mais de um quarto do mercado global. O nosso inquérito junto de 30 executivos em empresas que deslocalizaram empregos para a Índia revelou que os incentivos financeiros foram o factor menos importante para a decisão (ver "Quando o dinheiro é o que menos importa"). A maioria dos executivos afirmou-nos que teria preferido que o governo tivesse canalizado esse dinheiro para a modernização das infra-estruturas locais.

Executivos de outras empresas multinacionais concordam. As nossas entrevistas demonstram que as considerações principais quando investem no estrangeiro são a qualidade das infra-estruturas e da força de trabalho, a dimensão e a taxa de crescimento do mercado interno e a acessibilidade do local. Em teoria, se tudo o resto fosse igual, os incentivos financeiros poderiam influenciar

Quando o dinheiro é o que menos importa

Factores que influenciam a escolha do local de deslocalização[a]

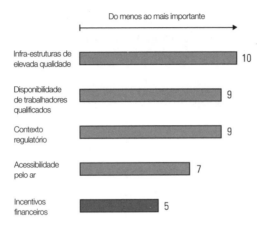

a) Inquérito McKinsey, em 2002, a 30 executivos em empresas que recorrem a mão-de-obra subcontratada na Índia.

uma decisão de investimento. Contudo, tudo o resto nunca é igual, em particular quando as empresas ponderam os vários factores que influenciam os investimentos internacionais.

Para tornar as coisas ainda piores para os governos estaduais e municipais, estes entram em guerras de licitação para ganhar determinados investimentos – uma competição em tudo comum aos países ricos, onde essas autoridades rivalizam por novas fábricas de automóveis (ver "A maldição do vencedor") e equipas desportivas profissionais. Não obstante, mesmo no caso dessas guerras de licitação, os incentivos financeiros não estão, frequentemente, no topo da lista de considerações das empresas. Os executivos da Ford, por exemplo, afirmam que os três principais factores que influenciaram na sua decisão para construir uma fábrica na província de Tamil Nadu, na Índia, foram a disponibilidade de uma base de fornecedores e de mão-de-obra qualificada, bem como a qualidade das infra-estruturas.[2] Os incentivos financeiros generosos que a Ford recebeu apenas igualavam em importância a proximidade de um porto. Os subsídios para a aquisição de terrenos tiveram ainda menos importância.

Quando os incentivos conseguem atrair o investimento estrangeiro, surgem frequentemente consequências não intencionadas. Os custos fiscais podem escalar à medida que os incentivos são alargados às empresas locais. Adicionalmente, os incentivos generosos podem encorajar um investimento demasiado grande, como aconteceu na indústria automóvel no Brasil. Reagindo aos subsídios que valiam mais de cem mil dólares por cada emprego criado, os fabricantes de

A maldição do vencedor

Incentivos governamentais ao investimento na indústria automóvel

Data do pacote	País do projecto	Investidor	Custo por emprego,[a] dólares
1980	EUA	Honda	4.000
Início da década de 1980	EUA	Nissan	17.000
1984	EUA	Mazda-Ford	14.000
Meados da década de 1980	EUA	GM Saturn	27.000
Meados da década de 1980	EUA	Mitsubishi-Chrysler	35.000
Meados da década de 1980	EUA	Toyota	50.000
Meados da década de 1980	EUA	Fuji-Isuzu[b]	51.000
Início da década de 1990	EUA	Mercedes-Benz	168.000
1992	Portugal	Ford-Volkswagen	265.000
1995	Brasil	Volkswagen	54.000-94.000
1996	Brasil	Renault	133.000
1996	Brasil	Mercedes-Benz	340.000
1997	Alemanha	Volkswagen	180.000
1997	Índia	Ford	200.000-420.000

a) Valor estimado dos incentivos fiscais e financeiros concedidos pelo governo estadual e municipal a determinados projectos de investimento, dividido pela estimativa de número de empregos directos que o projecto iria criar.
b) Fabricante do Subaru.
Fonte: Charles P. Oman, *Policy Competition for Foreign Direct Investment: A Study of Competition Among Governments to Attract FDI*, Organização de Cooperação e de Desenvolvimento Económico, 1999.

automóveis estrangeiros acrescentaram mais 40 por cento de capacidade, segundo as nossas estimativas, ao que teria sido construído sem aqueles incentivos, no final da década de 1990. Em 2002, a indústria sentia dificuldades devido a 80 por cento de excesso de capacidade. As reduzidas taxas de utilização desgastaram a produtividade das empresas nacionais e estrangeiras em, pelo menos, 20 por cento e empataram capital que poderia ter sido utilizado de forma mais eficiente noutra parte da economia.

Por vezes, os incentivos subsidiam uma produção ineficiente que não existiria sem os mesmos. O governo do Brasil, por exemplo, tentou convencer as empresas de electrónica de consumo, quer estrangeiras, quer nacionais, a instalarem-se em Manaus, tendo oferecido incentivos fiscais que lhe custaram, só em 2001, 576 milhões de dólares. Manaus fica no meio do Amazonas, a cerca de quatro mil quilómetros de distância de São Paulo e a cerca de 800 quilómetros de distância, rio acima, do porto de Belém. São necessários mais de dois meses para despachar componentes a partir da Ásia e dez a 20 dias para transportar os produtos montados para São Paulo. As despesas de transporte acrescentaram mais cinco por cento aos custos de produção e o inventário extra acresce, pelo menos, mais dois por cento aos custos. A mão-de-obra qualificada é frequentemente importada, retirando qualquer vantagem ao custo da mão-de-obra. Somente com isenções nos impostos e nas taxas aduaneiras elevadas sobre a produção no Brasil é que Manaus conseguiu atrair fábricas para produzir bens num local tão oneroso e inconveniente.

AS REGULAÇÕES DO INVESTIMENTO DIRECTO ESTRANGEIRO NÃO FUNCIONAM

Mesmo quando governos dos mercados emergentes distribuem estes incentivos lucrativos, muitos desses governos restringem a forma como as empresas estrangeiras operam, de forma a proteger a indústria local e a maximizar as externalidades para a economia nacional. As restrições mais populares são requisitos de conteúdo local, que forçam as empresas estrangeiras a adquirir localmente uma certa percentagem de recursos e requisitos obrigatórios para *joint ventures*. Embora os requisitos de conteúdo local sejam hoje ilegais de acordo com as regras da Organização Mundial do Comércio, os países em desenvolvimento estabelecem barreiras – geralmente taxas aduaneiras sobre componentes – para restringir a forma como as empresas operam. O nosso estudo lança a dúvida sobre a eficácia destas medidas. Na maioria dos casos, elas não são necessárias para o desenvolvimento de uma indústria de fornecedores ou para ajudar as empresas locais a aprender com as empresas estrangeiras. Nos poucos casos em que estas medidas aparentam ter sido bem sucedidas, o seu custo para a economia foi elevado.

Os requisitos de conteúdo local existiam em três das indústrias que estudámos: automóvel na Índia e na China, e electrónica de consumo no Brasil. O seu impacto económico global foi marginal, no melhor dos casos. Entrevistas a executivos de fabricantes estrangeiros de automóveis na Índia, por exemplo, mostram que essas empresas teriam procurado localmente fornecedores para muitos dos componentes, mesmo sem os requisitos de conteúdo local. Porquê? Devido ao custo e ao tempo necessário para importar as peças, à rápida escalada dos preços de importação depois da rupia ter desvalorizado em 1991 e à grande oferta de técnicos qualificados e de salários baixos na indústria local de componentes. As mesmas razões aplicam-se muito provavelmente à indústria automóvel na China.

O nosso estudo demonstra claramente que os requisitos de conteúdo local não são necessários para o desenvolvimento de uma indústria de fornecedores forte. A China não impõe requisitos de conteúdo local à indústria de electrónica de consumo, mas as suas empresas estão a transformar-se rapidamente, da mera montagem dos produtos finais à produção completa da cadeia de valor de componentes, até aos semicondutores. Esta evolução criou um ciclo virtuoso de aglomeração de ainda mais empresas globais. De igual forma, em 1994 o México começou a eliminar gradualmente os requisitos de conteúdo local para os fabricantes de automóveis, mas mesmo assim tem sete vezes mais empregos em empresas que fabricam componentes (que são também exportados) do que em fábricas de montagem final.

Os requisitos de conteúdo local podem, por vezes, ter implicado um aumento da proporção de componentes locais nos bens acabados, mas apenas porque protegeu fornecedores ineficientes e com subescala, diminuindo a produtividade e aumentando os preços para os fabricantes e os consumidores. Considere o exemplo dos requisitos de conteúdo local para a electrónica de consumo impostos em Manaus. Quando começaram a ser gradualmente eliminados, em 1991, a proporção de componentes fabricados no estrangeiro evoluiu de menos de 20 por cento do total (em valor) em 1990 para mais de 50 por cento em 1995. Estimamos que metade dos fabricantes locais de componentes em Manaus tenha fechado quando teve de enfrentar a concorrência das importações. Os consumidores pagaram o preço de toda esta ineficiência. A informação sobre os requisitos de conteúdo local nos nossos casos na indústria automóvel aponta na mesma direcção. Embora a China seja conhecida pela sua indústria transformadora de baixo custo, as regulações sobre conteúdo local para os componentes automóveis não só aumentaram o seu preço, como também fizeram com que os automóveis lá produzidos fossem 20 a 30 por cento mais caros do que os automóveis produzidos nos EUA. Estimamos que na Índia tais regulações aumentem em 20 por cento o custo dos automóveis.

Também não descobrimos qualquer evidência forte que corrobore os requisitos obrigatórios de *joint ventures*. Quando as *joint ventures* fazem sentido, do ponto de vista económico e estratégico, as empresas estrangeiras promovem-nas. Nem o Brasil nem o México impuseram requisitos de *joint venture* no retalho, mas as *joint ventures* foram a forma mais comum de as empresas estrangeiras entrarem nesses mercados.[3] Afinal, o conhecimento do mercado local é fundamental para o sucesso nas indústrias de serviços. Num negócio com margens baixas como é o caso do retalho, a compreensão das *nuances* sobre as preferências dos consumidores e a construção de redes locais fidedignas de fornecedores e de distribuição fazem a diferença entre o sucesso e o insucesso, e as empresas estrangeiras estão em desvantagem relativamente a esses factores. Na China e na Índia, as parcerias locais fornecem muitas vezes às empresas estrangeiras os contactos governamentais de que necessitam para abreviar a burocracia.

Ainda mais importante, as *joint ventures*, quer impostas ou não, dificilmente são necessárias para que as empresas locais beneficiem da presença das empresas estrangeiras. Os fornecedores indianos, em rápido crescimento, que fornecem serviços de *back office* às empresas estrangeiras apenas tiveram início depois de as multinacionais terem sido pioneiras nesta abordagem – e formarem uma massa crítica de trabalhadores locais. (O CEO da Wipro Spectramind, por exemplo, iniciou a sua carreira na GE Capital e o CEO da Daksh veio da Motorola.) No México, os fabricantes estrangeiros de automóveis introduziram o financiamento nos concessionários há várias décadas – o início do financiamento ao consumo no país. (Desde então, alastrou-se a muitas indústrias.) As empresas chinesas de electrónica de consumo e de TI, como a Haier e a Legend, estão a aperfeiçoar as suas competências através da concorrência com empresas estrangeiras na China. Algumas, incluindo a Legend, aprenderam técnicas de *marketing* e distribuição quando serviram de distribuidores locais para marcas globais.

O QUE REALMENTE IMPORTA

Para retirar o máximo do investimento directo estrangeiro, os países em desenvolvimento devem abandonar os seus incentivos e regulações e concentrar-se, em vez disso, no fortalecimento das suas bases económicas – em particular na estabilização da economia e na promoção de mercados competitivos. A instabilidade macroeconómica desencoraja o investimento a longo prazo, pois dificulta a previsão da procura, dos preços e das taxas de juro. A maioria do investimento estrangeiro entrou no Brasil, por exemplo, apenas depois de o governo ter estabilizado a economia através do Plano Real em 1994.[4]

A concorrência é essencial para a disseminação do impacto do investimento estrangeiro, pois sem mercados competitivos a entrada de empresas estrangeiras tem um efeito limitado nas empresas nacionais já estabelecidas e ineficientes e na sua produtividade. A banca no Brasil foi o nosso único caso em que o investimento estrangeiro não conseguiu ter um impacto claramente positivo. Uma das principais razões foi a baixa intensidade competitiva da indústria: graças aos elevados custos de mudança de banco e às barreiras à entrada de novos concorrentes, a banca em qualquer país é menos competitiva do que outros negócios. No Brasil este problema é exacerbado pelas elevadas taxas de juro que fazem com que seja mais rentável emprestar dinheiro ao Estado do que aos consumidores e pela falta de concorrência das empresas não bancárias, como os fundos de investimento.[5]

O investimento directo estrangeiro teve um impacto positivo mais significativo quando as empresas nacionais já estabelecidas – como as empresas na indústria de retalho alimentar no México, na indústria de electrónica de consumo na China e na indústria de subcontratação de processos de negócios na Índia – não estavam protegidas das suas concorrentes estrangeiras. Para promover mercados competitivos, os países em desenvolvimento devem reduzir as restrições ao investimento estrangeiro, reduzir as taxas sobre importações, aperfeiçoar os requisitos para a abertura de novas empresas e encorajar a entrada de novos concorrentes no mercado.

Outra forma importante de promover uma concorrência justa é combater as empresas da economia informal (ou "mercado cinzento"), que não pagam impostos ou não cumprem os requisitos regulamentares. Estas evasões dão a essas empresas uma vantagem imerecida a nível de custos, permitindo-lhes manter-se em negócio apesar da sua pequena escala e ineficiência. No sector do retalho alimentar brasileiro, por exemplo, quase metade das empresas são rentáveis porque pagam menos do que deviam nos seus impostos sobre o valor acrescentado e nos impostos sobre o rendimento do trabalho. De igual forma, as empresas, de pequena escala (e frequentemente caseiras), de montagem de computadores pessoais no Brasil e na Índia concorrem com os principais fabricantes globais de computadores pessoais devido à fuga aos impostos que, em alguns casos, representa cerca de 50 por cento do preço final ao consumidor. Esta falta de cumprimento fiscal não só lesa os cofres do Estado, como também permite que essas empresas informais mantenham a sua subescala e operações ineficientes e, consequentemente, impede a transição para uma economia mais produtiva e um nível de vida melhor.

Finalmente, os países em desenvolvimento devem continuar a construir infra-estruturas seguras, incluindo vias rodoviárias, fontes energéticas e portos – especialmente se quiserem atrair investimento estrangeiro que procure exportações. Na Índia, por exemplo, a liberalização contínua dos sectores eléctrico e de telecomunicações, um processo que se iniciou em 1991, deu origem a uma prosperidade de investimento, que por sua vez levou à modernização das infra-estruturas. Isso, por sua vez, tornou-se uma importante condição prévia para o desenvolvimento da indústria de subcontratação de TI e de processos de negócios.

Os observadores interrogam-se cada vez mais se a globalização terá melhorado largamente os níveis de vida globais. A informação recolhida no nosso estudo demonstra claramente que pode fazê-lo e fá-lo. Em vez de evitarem o investimento directo estrangeiro, os países em desenvolvimento devem aceitá-lo de forma entusiástica.

Os autores querem agradecer aos muitos colegas no MGI que participaram no projecto subjacente a este artigo e aos parceiros em todo o mundo que ajudaram a tornar este projecto possível: Vivek Agrawal, Nelly Aguilera, Dino Asvaintra, Angelique Augereau, Vivek Bansal, Dan Devroye, Maggie Durant, Heinz-Peter Elstrodt, Antonio Farrini, Thomas-Anton Heinzl, Lan Kang, Ashish Kotecha, Martha Laboissière, Enrique Lopez, Maria McClay, Glenn Mercer, Gordon Orr, Vincent Palmade, Ranjit Pandit, Antonio Puron, Julio Rodriguez, Jaeson Rosenfeld e Rodrigo Rubio.

DIANA FARRELL, JAANA K. REMES E HEINER SCHULZ
The McKinsey Quarterly, 2004, Número 1.

6
A DESLOCALIZAÇÃO E ALGO MAIS

Vivek Agrawal, Diana Farrell e Jaana K. Remes

SÍNTESE:

As empresas que simplesmente exportam os seus actuais modelos operacionais para países com salários baixos à procura de uma poupança nos custos não conseguem realizar do pleno potencial do contexto da deslocalização para a criação de valor.

As empresas deslocalizadas poderiam poupar mais reconcebendo cada elo da sua cadeia de valor, de forma a retirar vantagem do rácio muito diferente entre custos de mão-de-obra e custos de capital nos locais deslocalizados com salários baixos.

As estruturas de custos operacionais significativamente mais baixas permitem às empresas aumentar as suas receitas adoptando ideias de negócios e entrando em novos mercados que anteriormente teriam sido demasiado onerosos para seguir.

O incentivo, para as empresas, de um colaborador que ganha dois dólares por hora na Índia, em relação a um colaborador nos EUA que ganha dez vezes mais, é óbvio. Durante anos, estas diferenças salariais atraíram empresas líderes da indústria transformadora para os países com salários baixos. Mais recentemente, negócios dos mais variados tipos têm também exportado funções de *back office*, como introdução de dados, processamento de salários e *call centers*. A deslocalização de processos de negócios está muito em voga e as centenas de empresas que escolheram este caminho conseguem, frequentemente, baixar os seus custos para metade.

No entanto, por mais impressionantes que estes resultados possam parecer, um novo estudo do McKinsey Global Institute descobriu que as empresas estão a desperdiçar milhares de milhões de dólares em poupanças quando deslocalizam funções de *back office* e trabalhos na área dos serviços.[1] Estas empresas estão meramente a reproduzir o que fazem nos países de origem, onde a mão-de-obra é cara e o capital é relativamente barato, em países onde se verifica exactamente o contrário. O que é necessário? Nada menos do que uma total transformação dos processos de negócios para captar o potencial do novo contexto. E ao empreenderem esta transformação, muitas empresas irão descobrir que a estrutura de custos mais barata que daí resulta liberta grandes novas oportunidades de receitas até de maior valor do que as poupanças alcançadas.

A MEIO CAMINHO DE SER GLOBAL

A primeira onda de globalização teve início há cem ou mais anos atrás, quando as empresas eram atraídas para o estrangeiro pela perspectiva de novos mercados. Estimamos que, ainda hoje, a antiga motivação de alcançar grupos vastos de novos consumidores explique possivelmente 80 por cento dos investimentos transfronteiriços.

Muitos desses investimentos, como as operações das lojas Wal-Mart no México ou da HSBC na Malásia, acontecem em sectores de serviços, que requerem uma presença local por definição. Outros são em indústrias como o sector automóvel, no qual as elevadas taxas aduaneiras e outras barreiras às trocas comerciais forçam efectivamente as empresas estrangeiras a estabelecer-se localmente se quiserem estar presentes nesses mercados.

Apesar dos avanços e recuos nas negociações sobre o comércio mundial, as barreiras políticas que limitam o investimento estrangeiro e as trocas comerciais têm vindo a ser significativamente eliminadas ao longo dos últimos dez anos. O resultado tem sido uma segunda onda de globalização, na qual as empresas da América do Norte, da Europa e do Japão instalam fábricas nos países com salários baixos para aproveitarem a vantagem das enormes diferenças salariais e depois exportar os bens acabados de volta aos seus mercados internos. Estas empresas reduziram substancialmente os seus custos para uma variedade de produtos, em particular os produtos de trabalho intensivo, como os têxteis e os brinquedos, mesmo tendo em consideração o custo adicional de transportes e de gestão e formação no estrangeiro.

As empresas em algumas indústrias têm ido mais longe, especializando-se na produção de componentes e na montagem final nos países ou regiões com a maior vantagem comparativa. Esta terceira onda de globalização é mais evidente na electrónica de consumo (ver "Até onde pode ir?" no final deste capítulo). A deslocalização de processos de negócios, possível pela redução drástica nos custos das telecomunicações e pela capacidade de transformar actividades em suporte de papel em actividades digitais que requerem apenas um telefone e um computador, é apenas a próxima etapa lógica. Um conjunto alargado de empregos de serviços e funções de *back office* podem agora ser executados remotamente na Índia, por exemplo, ou nas Filipinas. Trabalho de reduzidas competências, como a introdução de dados e o processamento de transacções, a assistência ao cliente em tempo real e serviços de investigação, são candidatas óbvias. Não obstante, mesmo actividades de elevadas competências, como o desenvolvimento de *software* à medida do cliente, a concepção de componentes automóveis ou aeroespaciais e a investigação farmacêutica, são, cada vez mais, realizadas fora dos EUA.

Muitos dos empregos deslocalizados podem ser considerados indesejáveis e sem prestígio nos países desenvolvidos, mas são altamente atractivos nos países em desenvolvimento. Assim, os trabalhadores deslocalizados não só custam muito menos, como também estão frequentemente muito mais motivados, o que significa que têm um melhor desempenho. O operador de um *call center* de um banco inglês na Índia, por exemplo, processa 20 por cento mais transacções, com três por cento de maior precisão, do que os seus colegas no Reino Unido. Algumas empresas estabelecem as suas próprias operações em locais de deslocalização para retirarem vantagem desses benefícios, enquanto outras subcontratam empresas locais, especialmente na Índia.

As empresas dos EUA e do Reino Unido representam aproximadamente 70 por cento do mercado de deslocalização de processos de negócios. Uma legislação laboral e de emprego relativamente liberal dá a estas empresas flexibilidade no ajuste das suas actividades e na eliminação de empregos, e as empresas podem retirar vantagem do número elevado de pessoas fluentes em inglês, em muitos países com salários baixos, como a Índia, a Irlanda, as Filipinas e a África do Sul. Com a partilha de um idioma, os erros são muito menos prováveis e as funções que requerem interacção vocal ou textual são relativamente fáceis. As oportunidades para as empresas da Europa continental ou do Japão são, portanto, mais limitadas.

A deslocalização de processos de negócios é ainda uma indústria embrionária. Pelas nossas estimativas, em 2002 esta indústria valia 32 mil milhões de dólares, apenas um por cento do total de três biliões de dólares em funções de negócios que podem ser executadas remotamente. Devido aos benefícios significativos que estão já a ser conseguidos através da deslocalização, estima-se que o mercado cresça entre 30 e 40 por cento ao ano ao longo dos próximos cinco anos.[2]

Esta perspectiva pode causar angústia sobre a perda de empregos nos EUA, mas tornará a deslocalização uma indústria com receitas bastante superiores a cem mil milhões de dólares até 2008.

CONSEGUIR MAIS DA DESLOCALIZAÇÃO

Mas, a mera reprodução dos processos desenvolvidos no país de origem não é a forma de alcançar o pleno potencial da deslocalização. Os salários representam 70 por cento dos custos de um *call center* nos EUA, por exemplo, pelo que estas operações são concebidas para minimizar a mão-de-obra através do recurso à tecnologia disponível. Mas na Índia, um país de salários baixos, esta abordagem faz pouco sentido, pois os salários representam apenas 30 por cento dos custos e os bens de capital (para fornecer a largura de banda nas telecomunicações, por exemplo) são geralmente mais caros do que no país de origem.

A forma de reduzir o custo das operações deslocalizadas ainda mais (ver "Alargar o alcance") é através da reorganização e da reengenharia das operações para captar plenamente a vantagem que resulta dessas diferenças. Num país com salários baixos, as infra-estruturas de capital – incluindo espaço de escritório, linhas de telecomunicações, equipamento informático e *software* – devem ser usadas tão intensamente quanto possível. Para um *call center*, por exemplo, esta abordagem pode reduzir adicionalmente os custos entre 30 e 40 por cento, impulsionando as poupanças até quase 70 por cento do custo das operações no país de origem (ver "A intensidade de capital é a chave"). O valor potencial para outras funções deslocalizadas, como a introdução de dados, o processamento de salários e a contabilidade geral, é semelhante.

Alargar o alcance

	Práticas empresarias actuais		Inovações recentes e em curso	
1 Entrar em novos mercados	**2** Transferir a produção para o estrangeiro	**3** Desagregar a cadeia de valor	**4** Fazer a reengenharia da cadeia de valor	**5** Criar novos mercados
As empresas entram em novos países para expandir a sua base de clientes; utilizam, no país estrangeiro, um modelo de produção semelhante ao usado no país de origem.	O processo completo de produção (desde componentes à montagem final) é deslocalizado para aproveitar a vantagem dos diferentes factores de custo ou das vantagens naturais; exportam globalmente os bens acabados.	Os componentes de um produto (tais como os discos rígidos dos computadores pessoais) são fabricados em locais/regiões diferentes; os países podem especializar-se no fabrico de componentes, na sua montagem ou em ambas.	As tarefas e os processos são redesenhados para maximizar a eficiência e as poupanças de custos – por exemplo, os fabricantes do equipamento original na indústria automóvel utilizam mão-de-obra manual em vez de autómatos para a soldagem da carroçaria para tirar vantagem do *trade-off* capital/mão-de-obra.	Ao captar o valor pleno das actividades globais, as empresas podem oferecer novos produtos a preços significativamente inferiores e penetrar em novos segmentos ou geografias de mercado, ou ambas.

A intensidade de capital é a chave

A estrutura económica para um típico *call center* deslocalizado na Índia; índice: base de custos original nos EUA = 100

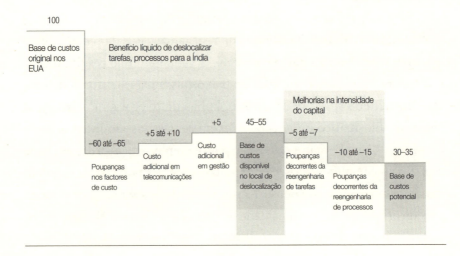

As empresas podem aumentar a sua produtividade do capital em contextos de salários baixos de três formas:

- *Laboração permanente.* A forma mais óbvia de usar mais intensamente as infra-estruturas de capital é recorrer à laboração permanente, mesmo que isto signifique salários mais elevados depois das horas normais de trabalho. Esta opção simplesmente não existiria num contexto de salários elevados, onde os salários de valores superiores anulam qualquer poupança de capital. Estimamos que só com o aumento do número de turnos as empresas possam reduzir os seus custos operacionais entre 30 a 40 por cento para muitos tipos de trabalho deslocalizado, incluindo a contabilidade geral, o aprovisionamento, os *call centers*, o processamento de transacções e funções mais complexas como os serviços de conhecimento e I&D (ver "À volta do relógio"). Contudo descobrimos que na Índia até os fornecedores indirectos mais eficientes operam com apenas dois turnos por dia e a maioria das operações deslocalizadas instaladas por grandes empresas multinacionais apenas têm um turno.

- *Bens de capital mais baratos.* Alguns fornecedores de serviços na Índia estão a utilizar mão-de-obra local barata para desenvolver o seu próprio *software* em vez de adquirirem produtos de marca mais caros aos grandes produtores globais de *software*. A American Express, por exemplo, contratou programadores para desenvolver *software* para conciliar contas e esse *software* concilia agora mais de três quartos dessas contas, ou mais de meio milhão por dia. A empresa, que pagou apenas cinco mil dólares para o desenvolvimento desta solução, estima que o licenciamento de um *software* de base de dados mais sofisticado teria custado vários milhões de dólares. O fabricante de automóveis

À volta do relógio

Efeitos de turnos adicionais nos custos operacionais, dólar por lugar facturável por hora

Nível de competências necessárias →

	Introdução de dados, verificação[a]			Tomada de decisão com base em regras[a]			Serviços com base no conhecimento[a]		
	Custos fixos	Custos variáveis[b]	Custo total	Custos fixos	Custos variáveis[b]	Custo total	Custos fixos	Custos variáveis[b]	Custo total
Serviços de voz[c]	7,8	4,0	11,8	7,8	4,6	12,4	7,8	6,8	14,6
	3,9	4,0	7,9	3,9	4,6	8,5	3,9	6,8	10,7
	2,6	4,0	6,6 **-44%**	2,5	4,6	7,2 **-42%**	2,6	6,8	9,4 **-36%**
Serviços sem voz[c]	6,3	3,8	10,1	6,3	4,3	10,6	6,3	8,0	14,3
	3,1	3,8	6,9	3,1	4,3	7,4	3,1	8,0	11,1
	2,1	3,8	5,9 **-42%**	2,1	4,3	6,4 **-40%**	2,1	8,0	10,1 **-30%**

a) "Introdução de dados, verificação" inclui processos manuais simples que não exigem a tomada de decisão; "tomada de decisão com base em regras" inclui serviços que não exigem discernimento de gestão, podem ser executados com orientações baseadas em regras mecânicas e exigem uma supervisão mínima; "serviços à base de conhecimento" exigem profissionais qualificados e com uma base de conhecimentos, tais como engenheiros, detentores de MBA e cientistas.
b) Os turnos adicionais neste exemplo são turnos diurnos e que, portanto, não exigem qualquer salário superior.
c) Os serviços de voz incluem interacções multicanais e multipropósitos que servem necessidades de muitos círculos, incluindo clientes, distribuidores, colaboradores, prospectores, fornecedores; os serviços sem voz incluem um processamento de funções de *back office* com um ciclo de rotação superior a quatro horas.

indiano Maruti Udyog desenvolveu os seus próprios autómatos para as suas linhas de montagem; os autómatos custam, em média, uma pequena fracção do que outros semelhantes custam ao seu parceiro Suzuki no Japão. Desta forma, as empresas mantêm o nível de automatização que prevalece nos países com salários elevados, mas a um custo de capital claramente mais baixo.

- *Automatização reduzida*. Algumas empresas foram mais longe e utilizaram colaboradores para tarefas que seriam usualmente automatizadas no país de origem. Uma empresa processadora de pagamentos, por exemplo, pode contratar pessoas para introduzir cheques manualmente num sistema informático em vez de utilizar um *software* dispendioso de reconhecimento de imagens.

Uma empresa de *telemarketing* que utilizaria dispendiosos marcadores de chamadas automáticos num país com salários elevados poderá optar por ter os colaboradores a efectuarem as suas próprias chamadas.

Também os produtores podem utilizar esta abordagem. Certos fabricantes do equipamento original (OEM)* de automóveis na China usam autómatos para apenas 30 por cento da soldagem numa linha de montagem automóvel, comparativamente com 90 por cento ou mais nas operações nos EUA ou na Europa. (A fábrica da BMW na África do Sul utiliza a mesma estratégia). Na Índia, as empresas nacionais de automóveis reduziram as suas necessidades de automatização ao longo do processo de fabrico: utilizam mais mão-de-obra manual para carregar e mudar os moldes na prensagem, na soldagem da carroçaria, no manuseamento de materiais e noutras funções – sem sofrer qualquer perda observável na qualidade do produto acabado. Assim, estas empresas conseguem reduzir os custos de montagem em quatro ou cinco por cento, ou até mais, e poupar milhões de dólares anualmente.

Por fim, as empresas podem redesenhar completamente a sequência pela qual as tarefas são executadas, de forma a alavancar melhor as oportunidades acima mencionadas. Considere o exemplo simples de um operador de um *call center* que gere contas de clientes. Nos países com salários elevados, cada chamada de um cliente é encaminhada para um operador que escuta o pedido, acede a uma base de dados informatizada e actualiza a conta em tempo real. Nem o computador nem o telefone são usados eficientemente, dado que o operador estará a falar ou a escrever, mas não ambas em simultâneo.

Deslocalizado, um operador equipado com apenas o telefone pode anotar à mão o pedido do cliente, num registo diário de actividade, e dedicar-se à próxima chamada. Os custos com telecomunicações são

---

* **N. T.** Sigla relativa à designação em inglês *Original-Equipment Manufacturers.*

reduzidos, pois o operador despende menos tempo em cada chamada e os clientes esperam menos tempo para serem atendidos. Outro operador, a trabalhar numa estação de trabalho em uso permanente, pode introduzir a informação numa base de dados. Embora o novo processo exija mais operadores para lidar com os pedidos dos clientes, os equipamentos e programas informáticos e os equipamentos de telecomunicações, caros, são utilizados mais intensivamente. O acréscimo de salários é mais do que compensado com as poupanças em equipamento informático, em licenças de *software* e em ligações telefónicas (ver "A reengenharia de processos reduz os custos"). A estrutura económica de um *call center* na Índia sugere que esta simples alteração pode, de facto, aumentar muito as margens de lucro dos fornecedores deslocalizados até 50 por cento.

A reengenharia de funções deslocalizadas faz sentido apenas se os salários permanecerem baixos. Ao longo do tempo, estes irão aumentar e os custos tecnológicos continuarão a diminuir. À medida que isto acontece, as empresas podem ajustar as suas operações para

A reengenharia de processos reduz os custos

Alteração nos custos operacionais para um típico *call center* na Índia,[a] dólar por lugar facturável por hora

Redução da produtividade do trabalho		Custo do tempo acrescido de processamento da transacção e da mão-de-obra adicional	+1,20 dólares
Aumento da produtividade do capital	Reengenharia do processo	Poupanças decorrentes da maior intensidade de capital (uso mais eficiente de computadores, telefones)	-2,60 dólares
	Reengenharia das tarefas	Poupanças decorrentes dos menores custos de licenciamento de *software*	-0,20 dólares
		Efeito líquido nos custos operacionais	-1,60 dólares

a) Neste exemplo, o operador equipado apenas com um telefone anota à mão os pedidos do cliente num registo diário de actividade; o operador gasta menos tempo por chamada, os clientes esperam menos tempo para serem atendidos; outro operador a trabalhar num segundo ou terceiro turno introduz a informação numa base de dados.

reflectir os factores de custo que se alteram. Mas, na maioria dos países com salários baixos, a mão-de-obra é tão barata e tão numerosa que é improvável que o aumento dos salários seja um problema nas próximas décadas. A Índia produz a cada ano dois milhões de licenciados – mais de 80 por cento falam inglês – enquanto a China produz 850 mil, embora com reduzidas competências de língua inglesa. Mesmo um pequeno país como as Filipinas produz anualmente 290 mil licenciados e todos falam inglês.

PARA ALÉM DAS POUPANÇAS DE CUSTOS

Ao aproveitarem todo o potencial da deslocalização, as empresas descobrirão que as suas novas estruturas, de menor custo, proporcionarão uma variedade de oportunidades para melhorar o crescimento das receitas. Estas oportunidades irão, frequentemente, exceder em muito as poupanças de custo anuais.

Algumas empresas, por exemplo, podem agora cobrar dívidas que anteriormente tinham de ignorar: uma companhia aérea está a recolher 75 milhões de dólares em dívidas, além das poupanças conseguidas de 50 milhões de dólares ao ano, por estar a operar o seu departamento de dívidas na Índia. Entretanto, um dos principais fabricantes de computadores nos EUA criou centros de assistência ao cliente na Índia, apoiados no telefone e no correio electrónico, para fornecer assistência técnica. Além de poupar mais de cem milhões de dólares todos os anos, a empresa aumentou significativamente a proporção de problemas dos clientes que são resolvidos. A empresa, consequentemente, reduz o número de chamadas de seguimento posteriores que recebe e a quantidade de mercadoria que tem de substituir, enquanto aumenta significativamente os níveis de satisfação dos seus clientes. E uma empresa de serviços financeiros alargou aos clientes com saldos reduzidos nas suas contas serviços anteriormente limitados a clientes de rendimentos elevados, criando, portanto, novos segmentos de clientes no seu mercado interno.

A nova situação de custos pode também ser utilizada para desenvolver produtos mais baratos para clientes nos mercados emergentes. Considere a experiência de uma das suas próprias empresas locais. O fabricante de automóveis indiano Tata Motors (anteriormente Telco) concebeu o automóvel de baixo custo Indica para o mercado interno. O Indica é vendido por aproximadamente dez por cento menos do que outros automóveis dos OEM globais e atinge o *break-even* com a produção de 150 mil unidades, uma fracção do número necessário para as empresas globais. O facto de os automóveis Indicas terem menos acessórios explica uma pequena parte da poupança de custos. A maioria das poupanças resulta do menor nível de automatização na montagem, de um processo redesenhado e do uso de mão-de-obra local de muito baixo custo para desenvolver o automóvel (a um quarto do valor que um OEM global teria despendido para desenvolver algo semelhante). Como resultado, a empresa cresceu praticamente do nada e conquistou um quarto do mercado indiano no seu segmento durante os últimos quatro anos – substituindo a Suzuki Motor, a Hyundai e outras marcas globais – e detém agora um contrato para exportar cem mil Indicas para o Reino Unido e a Europa continental.

À medida que as empresas avançam no caminho da globalização, o potencial para criar novos mercados e redefinir indústrias é enorme. Considere como as reduções drásticas de preços tornadas possíveis pela globalização da produção mudaram o mercado das televisões nos EUA. Apenas há 25 anos atrás, quase cerca de um quarto dos lares nos EUA não tinha televisão a cores. Desde então, os preços desceram aproximadamente 40 por cento em termos reais. Agora, 98 por cento dos lares nos EUA têm pelo menos uma televisão e muitas famílias têm três ou mais. Na nova conjuntura de preços, as televisões a cores transformaram-se de produtos de luxo em bens quase descartáveis que a maioria da população considera ser uma necessidade. E à medida que as televisões a cores proliferaram, deram origem a uma indústria que produz conteúdos e jogos para as televisões que vale mais de 30 mil milhões de dólares. Embora os críticos da globalização receiem que esta já tenha ido longe de mais, nós acreditamos que ainda mal começou.

Até onde pode ir?

O computador pessoal que tem na sua secretária pode ter sido concebido em Taiwan e montado no México, com *chips* de memória da Coreia do Sul, uma *motherboard* da China e um disco rígido da Tailândia. Não é de surpreender que o valor do comércio mundial de componentes de electrónica de consumo e produtos finais corresponda a 180 por cento do valor das vendas da indústria por ano e que a indústria tenha sido completamente reestruturada. Muitas empresas em todo o mundo estão agora a especializar-se em segmentos específicos da cadeia de valor – por exemplo, como inovadores e *designers* de produtos, fabricantes de baixo custo, montadores especializados ou comerciantes e distribuidores.

Também os países estão a começar a especializar-se: o México e a Europa de Leste tiram vantagem da sua localização para montar bens destinados aos EUA e à Europa, respectivamente, e a China utiliza a seu grande número de trabalhadores para se tornar uma base global para o fabrico de baixo custo. Embora as empresas tenham beneficiado dos custos mais baixos e os clientes tenham beneficiado de preços drasticamente mais reduzidos e de mais escolha, poucas indústrias do sector não transformador se deslocalizaram tão rapidamente.

Claramente, nem todas as indústrias podem ir tão longe quanto a indústria de electrónica de consumo no que respeita à globalização: o aço, por exemplo, é pesado e volumoso para ser transportado, enquanto serviços como o retalho, a banca e o entretenimento têm, por necessidade, de permanecer quase totalmente locais. A relação entre a natureza física de qualquer indústria, o seu contexto organizacional e as barreiras legais, regulatórias e políticas à globalização determina o seu potencial para a reestruturação.

As barreiras à globalização são reais e muitas podem não ser eliminadas. No entanto, estudámos o valor que seria criado na indústria automóvel se isso acontecesse. Descobrimos que a indústria poderia acumular uns desconcertantes 150 mil milhões de dólares anualmente em poupanças de custos e mais 170 mil milhões anualmente em novas receitas – uma combinação que iria aumentar as receitas da indústria em mais de 25 por cento relativamente aos níveis actuais. O que trava a conquista desse aumento?

A maioria pensa que a indústria já é global, devido muito principalmente à popularidade dos automóveis estrangeiros. Poucos fazem ideia de que, dos 55 milhões de automóveis produzidos anualmente, mais de 90 por cento são vendidos nos mercados onde são produzidos. Embora os principais OEM tenham todos construído fábricas nos países com salários baixos, estas instalações foram construídas para satisfazer a procura local e regional. Muito poucos automóveis são transportados de uma região geográfica para outra e até muito recentemente apenas cerca de cem mil automóveis produzidos nos países com salários baixos eram posteriormente exportados para países com salários elevados.[a]

No entanto existem poucas boas razões para este padrão. Afinal, custa apenas 500 dólares e demora apenas três semanas entregar um automóvel em qualquer parte do mundo; e não só o custo, mas também o tempo de entrega, estão a diminuir. Mais importante, os automóveis podem ser produzidos nos países com salários baixos por, pelo menos, menos 20 por cento do custo verificado nos países com salários elevados, mesmo tendo em consideração os custos de transporte e as taxas aduaneiras (ver "Da Índia com amor"). A vantagem resultante para os consumidores mundiais poderia ser enorme.

---

a) Esta estimativa não inclui a produção nos países aderentes ao Acordo de Comércio Livre da América do Norte (NAFTA).

Da Índia com amor

Estrutura económica da produção de um automóvel na Índia e transporte até ao Japão; índice: custo total de um automóvel comparável no Japão = 100

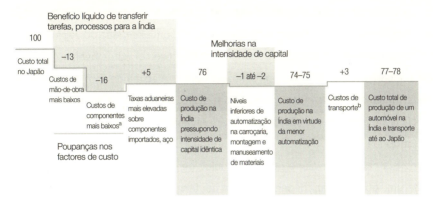

a) Presume que 90 por cento de todos os componentes são procurados localmente, com qualidade equivalente ou superior.
b) 300 dólares para um automóvel pequeno, 500 dólares para um automóvel grande; não existem taxas aduaneiras sobre importação de automóveis no Japão.

Além disso, a experiência tem demonstrado que os padrões de qualidade podem ser mantidos nos países com salários baixos. A fábrica da BMW na África do Sul, que exporta para a Europa e a América do Norte, é até ligeiramente melhor do que a fábrica alemã.[b] A Volkswagen produz todos os seus populares New Beetles* no México. Operar nestes países requer frequentemente formação extra para os colaboradores – a BMW gasta três a cinco vezes mais em formação na África do Sul do que noutras fábricas – mas as diferenças salariais mais do que compensam esse custo.

Adicionalmente, muitos analistas acreditam que o excesso de capacidade na indústria automóvel global é agora de 30 por cento ou mesmo superior. Muito deste excesso encontra-se nos mercados emergentes, onde os governos concederam incentivos lucrativos aos OEM globais durante a década de 1990, mas a procura local não chegou a materializar-se. Estas fábricas poderiam estar a

---

b) "Two-way street: Automakers get even more mileage from the Third World", *Wall Street Journal*, 31 de Julho de 2002.
* **N. T.** Novos "carochas".

fornecer aos países desenvolvidos automóveis de menores custos. Confrontados com fábricas paradas em países como a Tailândia e o Brasil, alguns OEM estão agora a seguir nessa direcção.

As barreiras à globalização devem-se a políticas governamentais e a algumas características organizacionais da indústria. Com excepção do Japão, quase todos os países aplicam taxas aduaneiras sobre o sector automóvel, que vão de 2,5 por cento nos EUA a dez por cento na Europa e acima de cem por cento em alguns países em desenvolvimento. Além disso, sindicatos fortes montam resistência firme à deslocalização da produção. Muitos dos componentes automóveis são próprios, existindo muito pouca uniformização entre fabricantes. Por isso, a complexa cadeia de valor – que pode incluir centenas de fornecedores directos, cada um, por sua vez, dependendo de centenas de fornecedores de segunda linha – é ainda bastante fragmentada, apesar da percepção actual de uma crescente consolidação. E como a construção de uma fábrica de montagem pode custar até 500 mil milhões de dólares, os OEM têm enormes custos irrecuperáveis nas suas instalações fabris existentes.

Se a indústria encontrasse formas de ultrapassar estas barreiras, poderia acumular até 320 mil milhões de dólares anualmente em poupanças de custos e novas receitas. O primeiro passo seria utilizar de forma mais eficiente as fábricas existentes nos países com salários baixos. Ao reduzir o actual excesso de capacidade para metade, a indústria poderia poupar dez mil milhões de dólares anualmente.[c] Ao construir toda a capacidade de produção adicional em países com salários baixos, poderia poupar ainda mais 40 mil milhões de dólares anualmente após cinco anos. Ao longo do tempo, se os OEM migrassem 70 por cento da sua linha de montagem e da procura de componentes de países com salários elevados para os países com salários baixos, poderiam alcançar poupanças de cerca de 150 mil milhões de dólares por ano. (Para a maioria dos OEM, quase 30 por cento da procura é variável e 70 por cento é estável e previsível. Deslocalizar 70 por cento é, assim, potencialmente

---

c) Para pormenores sobre estes cálculos, consultar o relatório do MGI de Outubro de 2003, *New Horizons: Multinational Company Investment in Developing Economies*, disponível gratuitamente em www.mckinsey.com.

exequível sem fazer com que os clientes esperem mais tempo para obter os seus automóveis ou sem obrigar à constituição de grandes inventários para compensar a procura flutuante.)

Mas os benefícios não terminam com as poupanças de custos. Ao aproveitarem a vantagem do menor custo de mão-de-obra e da desagregação das cadeias de abastecimento, os fabricantes poderiam produzir automóveis pelo menos 20 a 25 por cento mais baratos. Se as taxas aduaneiras que incidem sobre as peças também fossem reduzidas, estas empresas poderiam, segundo estimativas conservadoras, reduzir os preços em 30 por cento e libertar uma nova procura gigantesca. Nos mercados emergentes, onde os consumidores são muito sensíveis ao preço e existe uma procura significativa não satisfeita por automóveis de baixo custo, estimamos que a indústria poderia aumentar as suas vendas até cem mil milhões de dólares por ano.

Nos países desenvolvidos, onde a maior parte dos consumidores já são donos de automóveis, a redução de preço dos modelos mais baratos em 30 por cento (de 10.500 para sete mil dólares) poderia resultar em aproximadamente 70 mil milhões de dólares em vendas adicionais. Alguma desta procura viria dos lares de baixos rendimentos que hoje não são proprietários de um automóvel. Mas parte desta oportunidade seria gerada pela alteração da forma como os consumidores percepcionam os automóveis: em vez de possuírem apenas um ou dois automóveis, esses lares poderão optar por ter três ou quatro, sendo alguns desses automóveis adquiridos apenas por diversão. Os pais podem estar mais inclinados a adquirir automóveis para os seus filhos e os jovens também poderão entrar no mercado.

O valor potencial em jogo na indústria automóvel é muito atractivo, mas dificilmente único. À medida que as barreiras à globalização continuarem a ser eliminadas, muitas outras indústrias poderão ser reestruturadas e conseguir alcançar um valor semelhante.

Os autores querem agradecer aos muitos colegas no MGI que participaram no projecto e aos parceiros em todo o mundo que ajudaram a tornar este projecto possível: Nelly Aguilera, Dino Asvaintra, Angelique Augereau, Vivek Bansal, Dan Devroye, Maggie Durant, Heinz-Peter Elstrodt, Antonio Farini, Thomas-Anton Heinzl, Lan Kang, Ashish Kotecha, Martha Laboissière, Enrique Lopez, Ramesh Mangaleswaran, Maria McClay, Glenn Mercer, Gordon Orr, Vincent Palmade, Ranjit Pandit, Antonio Puron, Julio Rodriguez, Jaeson Rosenfeld, Rodrigo Rubio e Heiner Schulz. Também queremos agradecer aos membros da iniciativa McKinsey sobre deslocalização e subcontratação de processos de negócios, incluindo Detlev Hoch, Noshir Kaka, Anil Kumar, Sunish Sharma, Stefan Spang, Sanoke Viswanathan e Patrick Woetzel. O seu trabalho contribuiu significativamente para a nossa compreensão dos sectores da deslocalização de *software* e processos de negócios.

Vivek Agrawal, Diana Farrell e Jaana K. Remes,
The McKinsey Quarterly, 2003, Edição Especial: *Direcções globais.*

7

DESLOCALIZAÇÃO INTELIGENTE

Diana Farrell

SÍNTESE:

Durante os últimos 15 anos, as empresas têm afluído a uma meia dúzia de cidades na Índia e na Europa de Leste para deslocalizar funções de serviços.

A procura por jovens profissionais está a ultrapassar a oferta, os salários e o ciclo de rotatividade está a aumentar vertiginosamente, e os sistemas de infra-estruturas sobrecarregados lutam para servir o crescimento explosivo.

Mais de 90 por cento do enorme grupo, em rápido crescimento, de pessoas com formação universitária qualificadas para trabalhar em multinacionais encontram-se fora dos actuais cidades concorridas.

Na escolha de um local, as empresas terão de se concentrar menos nos salários baixos e muito mais em outras formas de as cidades candidatas poderem satisfazer as suas necessidades de negócio.

As empresas terão de ser muito mais rigorosas na articulação precisa do que necessitam de um local de deslocalização, o que significa avaliarem as suas necessidades únicas numa variedade de dimensões e compreenderem como locais alternativos podem satisfazer essas necessidades num futuro próximo.

A prática de transferir empregos de serviços para países com salários baixos está a entrar numa nova fase. Para as funções deslocalizadas, desde a programação informática e I&D a tarefas em *call centers* e de *back office*, as empresas dos EUA e da Europa Ocidental terão de expandir substancialmente o número de locais a considerar. Na escolha de uma cidade, essas empresas devem concentrar-se menos nos salários baixos e muito mais em outras formas de satisfazer as suas necessidades de negócio.

Nos últimos dez a 15 anos, a grande maioria das funções deslocalizadas de serviços transferiu-se para apenas meia dúzia de cidades na Índia, na Europa de Leste e na Rússia, em particular Hyderabad, Bangalore, Deli, Bombaim, Budapeste, Praga e Moscovo. Mas essa popularidade teve o seu preço. A taxa de rotatividade de emprego na área das TI na indústria bancária é de 30 a 40 por cento em algumas cidades indianas, e a contratação de licenciados dos institutos tecnológicos mais prestigiados do país tornou-se um pesadelo. "É preciso esperar numa fila desde as cinco da manhã e oferecer algo aos candidatos logo no local", refere um recrutador que tem estado à procura de engenheiros para preencher posições em empresas de pacotes de *software* e de *hardware* de TI.

Em Bombaim, um pólo concorrido para bancos de investimento estrangeiros, os salários em escalada e a rotatividade em aceleração estão a tornar-se preocupantes para as empresas que necessitam de licenciados para empregos sofisticados, tais como a conciliação de transacções em moeda estrangeira. Em Bangalore, a procura de colaboradores com formação universitária e fluentes em inglês para trabalharem em *call centers* deslocalizados tem levado ao aumento dos salários. A história é semelhante em Moscovo e em São Petersburgo, onde o salário pago a engenheiros de *software* aumentou vertiginosamente cerca de 50 por cento nos últimos dois a três anos. Praga parece seguir o mesmo caminho. Prevemos que as suas universidades e institutos serão fortemente pressionados para satisfazer a procura de engenheiros de TI até 2008.

Poucos estranham que alguns executivos já se interroguem se a anunciada oferta inesgotável de talento a baixo custo nos países em desenvolvimento já se começa a esgotar. A resposta apropriada é que os mercados de trabalho limitados nos pólos concorridos são a excepção e não a regra.

O McKinsey Global Institute estudou recentemente a oferta de licenciados qualificados para trabalhar em multinacionais em 28 países com salários baixos. Descobrimos que existe uma base enorme, em rápido crescimento, de talento a baixo custo dispersos pelo mundo. (Ver "O vasto grupo de talentos".) Mais de 90 por cento encontram-se fora dos actuais pólos concorridos. Alguns vivem em países com núcleos deslocalizadores, mas em cidades menos bem conhecidas – por exemplo, Zlin na República Checa e as chamadas cidades indianas de terceira geração, como Ahmedabad e Chandigarh. Algumas estão prontas e à espera em países que estão agora a entrar na corrente – África do Sul, Marrocos, Argentina e Brasil, entre outros. Pioneiros como a Amazon.com, a Telefónica, a Intel e a Sakonnet Technology instalaram ou anunciaram recentemente planos para a instalação de centros deslocalizados na Cidade do Cabo, em Tanger, em Córdoba e no Rio de Janeiro, respectivamente.

Nem todas as empresas se sentirão confortáveis em instalar uma operação deslocalizada – especialmente a sua primeira – num local ainda não experimentado e comprovado. Mas para tomarem uma decisão racional, essas empresas precisam de comparar os custos reais de optar pelo caminho habitual amplamente utilizado com os custos de procurar um novo local. Tal implica avaliar as suas necessidades únicas para uma dada operação deslocalizada em várias dimensões (como o nível de competências dos colaboradores, a conectividade e o contexto empresarial) e compreender como os vários locais alternativos podem satisfazer as suas necessidades – e a que custo e risco – para o futuro previsível.

O vasto grupo de talentos

Mais de 90 por cento da oferta de jovens profissionais qualificados para trabalhar em centros deslocalizados encontra-se fora dos actuais pólos concorridos e 72 por cento fora da Índia.

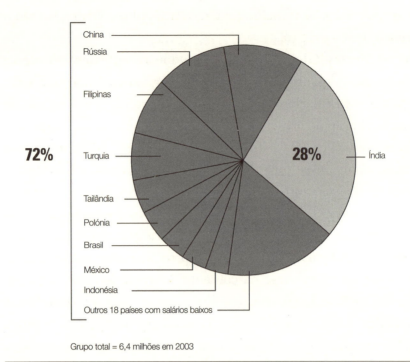

A maioria das empresas não opta hoje por essa abordagem. Mesmo aquelas com uma rede de contactos internacional sofisticada consideram normalmente apenas alguns locais baseando-se na sua experiência anterior e no que outras empresas estão a fazer. A maioria usa também um conjunto relativamente restrito de critérios de decisão, estando os custos de mão-de-obra, as considerações sobre os fusos horários e de bem-estar material entre os mais importantes. Para tomarem a decisão certa entre o número crescente de possíveis locais, estas empresas devem considerar outros factores importantes, como as tendências de inflação dos salários, as futuras ofertas de mão-de-obra e os custos de recrutamento.

POR QUE MOTIVO AS EMPRESAS "CAÇAM EM ALCATEIA"

Os pioneiros da deslocalização no início da década de 1990 – gigantes globais como a General Electric e a British Airways – foram atraídos para locais com excelentes universidades que providenciavam talento abundante de primeira categoria a salários reduzidos. Após constatarem as vantagens de custo destes pioneiros, outras empresas começaram a afluir às mesmas cidades. Os fornecedores de serviços locais surgiram de repente e oferecem alternativas internas aos centros no país de origem. Toda esta actividade encorajou o investimento público e privado em infra-estruturas locais e os contextos empresariais e de vida melhoraram. Estes *clusters* também promovem a troca fácil de ideias e de pessoas entre as empresas e as universidades locais. Ao longo do tempo, alguns *clusters* desenvolveram grupos de talentos com competências distintas, tornando-as irresistíveis para as empresas que valorizavam essas competências. Uma vez iniciadas essas dinâmicas, os riscos para seguidores continuavam a diminuir.

Mas existe um ponto de inflexão. Quando demasiadas empresas se aglomeram numa cidade depressa de mais, não só o seu mercado de trabalho "aquece" em demasia, como também frequentemente não consegue expandir as suas infra-estruturas suficientemente depressa para servir o crescimento explosivo da procura. Considere Gurgaon, um subúrbio de Nova Deli, que atraiu inúmeras empresas estrangeiras, incluindo a Fidelity Investments, a Nokia e a Microsoft. A construção acelerou rapidamente: foram construídos meia dúzia de centros comerciais e mais de três dezenas de outros estão em construção. Contudo, a congestão paralisante do trânsito de Gurgaon, as falhas frequentes de electricidade e as interrupções nas comunicações fazem com que seja difícil aos residentes usufruírem de uma vida confortável, quanto mais trabalharem eficientemente.

Empresas com operações em cidades com custos crescentes e condições de trabalho em deterioração estão, compreensivelmente, relutantes em sair devido aos seus custos irrecuperáveis. Este facto é particularmente verdade para as operações de capital intensivo, como os *call centers* ou as instalações de I&D. (A instalação de um *call center* típico com 250 lugares, por exemplo, custa 5,2 milhões de dólares.) A inalteração inerente aos locais de deslocalização estabelecidos torna fundamental a escolha do local adequado logo à primeira. Portanto, uma empresa que planeie uma operação deslocalizada deve, pelo menos, considerar as muitas alternativas aos pólos concorridos.

PARA ALÉM DOS PÓLOS CONCORRIDOS

Nos 28 países de salários baixos que o MGI estudou, existiam cerca de 6,4 milhões de jovens profissionais qualificados para empregos deslocalizados em 2003. Os profissionais "qualificados" são licenciados com até sete anos de experiência que possuem as competências e os atributos (competências linguísticas, conhecimento técnico, capacidade de interagir com sucesso num contexto empresarial) que as multinacionais querem. Embora nem todos vivam em, ou próximo de, uma das principais cidades, é nossa convicção que as multinacionais poderiam conseguir acesso à maioria deles.

A percentagem de profissionais qualificados varia grandemente de país para país. Por exemplo, dez por cento dos engenheiros na China estão qualificados para trabalhar numa multinacional, comparativamente a 20 por cento dos engenheiros nas Filipinas. Assim, mesmo sendo a população da China 16 vezes superior à população das Filipinas, o seu grupo de engenheiros qualificados é apenas três vezes superior ao das Filipinas. De igual forma, a Polónia tem quase tantos engenheiros qualificados como a Rússia, que é muito mais populosa.

O MGI estima que a oferta de talento com formação universitária continuará a ultrapassar a procura gerada por operações deslocalizadas das multinacionais durante muitos anos, em quase todas as oito categorias ocupacionais que analisámos. Por exemplo, estimamos que a oferta de pessoal de apoio e jovens profissionais generalistas para trabalhar para as empresas multinacionais nos mercados emergentes irá exceder a procura em 98 e 78 por cento, respectivamente, até 2008. Apenas a oferta agregada de engenheiros nos países com salários baixos nos parece que será um pouco escassa. (Ver "A perspectiva da oferta e da procura".)

A perspectiva optimista sobre a oferta global de talento com salários baixos deve-se, em grande parte, ao forte crescimento do número de licenciados que os países em desenvolvimento estão a produzir: 5,5 por cento ao ano, comparativamente a um aumento anual de apenas um por cento nos países desenvolvidos. Evidentemente, os países desenvolvidos têm uma maior base de licenciados, mas o crescimento mais rápido do grupo de licenciados nos países em desenvolvimento está a reduzir essa diferença.

Por exemplo, em 2003, havia cerca de menos 30 por cento de engenheiros nas economias com salários baixos do que nas economias com salários médios e elevados. Por volta de 2008, quando o número de jovens profissionais de engenharia no mundo for superior a dois milhões, essa diferença será de 18 por cento. A oferta de profissionais qualificados em finanças e contabilidade dos países em desenvolvimento será superior, nessa altura, à oferta dos países com salários elevados. O aumento de oferta de licenciados com as qualificações que as multinacionais mais desejam é particularmente rápida: em apenas cinco anos, a proporção de graus académicos concedidos em Gestão e Economia aumentou de um total de 18 para 31 por cento na Rússia e de 16 para 36 por cento na Polónia.

A perspectiva da oferta e da procura

A oferta estimada de jovens trabalhadores com formação universitária qualificados para trabalhar em centros deslocalizados em 28 países com salários baixos em 2008 ultrapassa confortavelmente a procura na maioria das profissões. A engenharia é a excepção possível. Esta é uma perspectiva das cinco principais categorias:[a]

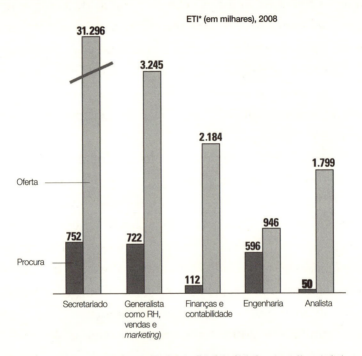

a) Para mais pormenores sobre estas conclusões, consulte "The Emerging Global Labor Market" em www.mckinsey.com/mgi.

A enorme oferta agregada de profissionais competentes disponíveis para serem contratados nos mercados emergentes significa que os seus salários médios se irão manter relativamente baixos no futuro próximo, apesar do que a actual inflação salarial nos pólos concorridos deslocalizados possa sugerir. Considere os engenheiros, a categoria ocupacional com maiores restrições na oferta. O nosso modelo indica que, quando a procura agregada impulsionar

---

* **N. T.** Equivalente em Tempo Integral – uma forma de avaliar o envolvimento de um trabalhador num projecto. No original FTE (*Full Time Equivalent*).

o aumento dos salários dos engenheiros na Índia (onde o salário médio é o mais baixo no mundo) dos actuais 12 por cento do nível salarial dos EUA para cerca de 30 por cento, as empresas irão começar a contratar licenciados de muitos outros países – incluindo as Filipinas, a China e o México – onde os salários médios serão menores ou comparáveis. Porque a oferta de engenheiros desses países será suficiente para satisfazer toda a provável procura das operações deslocalizadas das empresas até pelo menos 2015, tanto quanto conseguimos estimar com razoabilidade, acreditamos que os salários médios dos engenheiros em todos estes países não aumentarão acima do limite de 30 por cento.

Ao mesmo tempo, é pouco provável que a deslocalização provoque uma diminuição significativa dos salários nos países onde estes são elevados. (A única excepção serão algumas poucas ocupações de nicho, como a codificação de *software* de baixo valor acrescentado.) Tal deve-se ao facto de o total do emprego deslocalizado nos serviços ir provavelmente representar uma fracção muito pequena do emprego total nas economias desenvolvidas durante décadas. Estas tendências indicam que a deslocalização será uma estratégia que valerá a pena seguir durante muitos anos.

NOVOS CANDIDATOS EMERGENTES

Mesmo em países que já atraem muitas operações deslocalizadas, existem grupos de trabalhadores qualificados e menos dispendiosos para além dos pólos concorridos que não são aproveitados. Os gestores podem encontrá-los se utilizarem a imaginação. Em alguns casos, as empresas podem conseguir persuadir trabalhadores interessantes a mudarem-se de outras cidades para o seu pólo de operações concorrido – por exemplo com crédito à habitação pré-aprovado a taxas baixas. Os gestores dos maiores centros de deslocalização em Praga utilizaram estas tácticas para recrutar pessoas de outras cidades checas e eslovacas, tais como Brno e Bratislava. Tácticas semelhantes podem ser também apropriadas na China. Apenas cerca de um quarto dos licenciados da China vivem numa cidade ou região próxima de um dos grandes aeroportos internacionais e que, portanto, são um local viável para uma operação deslocalizada. Mas a análise do MGI dos padrões migratórios indica que cerca de 34 por cento dos licenciados chineses nas áreas menos acessíveis estariam dispostos a mudar-se por um bom emprego. (Em contraste, na Rússia, onde um terço dos licenciados vive próximo de um dos grandes aeroportos, apenas 16 por cento dos restantes estariam preparados para mudar-se para mais próximo por causa de um emprego.)

Outras formas de alcançar esses grupos não aproveitados de talentos é através da instalação de operações em cidades que estão a uma distância de automóvel razoável de um dos grandes aeroportos ou encontrando forma de as pessoas fazerem teletrabalho. As empresas estão a adoptar ambas as abordagens na Índia, por exemplo. Várias empresas que hoje consideram que Bombaim está sobrelotada instalaram operações mais pequenas na (ainda) agradável cidade universitária de Pune, a cerca de 193 quilómetros de distância. Algumas operações de TI, tanto de fornecedores locais como também de projectos deslocalizados, começaram a contratar colaboradores em regime de teletrabalho em cidades como Chandigarh e Mysore para tarefas simples de dactilografia, introdução de dados e processamento de ordens de pagamento.

Pela sua parte, os governos num conjunto de países com salários baixos estão a avaliar as vantagens distintas que os seus países oferecem (em termos das qualificações da sua mão-de-obra, do perfil de risco ou das infra-estruturas de comunicações, por exemplo) e estão a publicitar-se junto das multinacionais que mais provavelmente irão apreciar essas vantagens.

Por exemplo, o Dubai é basicamente um estreante no mercado de trabalho global. O seu governo patrocinou uma avaliação dos pontos fortes e fracos de locais de deslocalização rivais para identificar um nicho onde poderia ser melhor do que eles. O estudo descobriu que as desvantagens do Dubai – custos relativamente elevados de mão-de-obra e de telecomunicações e o muito pequeno potencial de vendas no seu mercado interno quando comparado, por exemplo, com a China – são compensadas, até certo ponto, pela sua força de trabalho multinacional, qualificada e estável (a legislação do Dubai proíbe a mudança frequente de emprego); infra-estruturas seguras; ausência de impostos; e instalações de luxo. O Dubai está agora a promover-se como o local ideal para acolher as instalações de recuperação de desastres informáticos e cópias de segurança de empresas com operações intensivas a nível de TI deslocalizadas em países como a Índia e as Filipinas, onde a mão-de-obra é mais barata, mas também as infra-estruturas são menos robustas.

A África do Sul oferece um pacote que acredita ser particularmente atractivo para as empresas do sector dos seguros e do sector bancário: um grupo de colaboradores qualificados (o país tem um número invulgarmente elevado de actuários), infra-estruturas de telecomunicações e de TI bem desenvolvidas e bons serviços de negócios. A África do Sul não se compara com a Índia no custo – um lugar num *call center* na Cidade do Cabo é um terço mais caro (embora, ainda assim, cerca de metade do que custaria no Reino Unido). Adicionalmente, as telecomunicações são mais caras do que noutros países concorrentes e os riscos inerentes de fazer negócios na África do Sul são relativamente elevados. Mesmo assim, os trabalhadores na África do Sul apreciam empregos em *call centers* – ao contrário de alguns trabalhadores nas cidades da Europa Central – e estão, consequentemente, mais motivados e menos inclinados a mudar de emprego. A África do Sul também apresenta algumas vantagens ao nível de competências. Por exemplo, algumas seguradoras do Reino Unido reconhecem a acreditação da África do Sul para processadores de sinistros. Pelo que, mesmo que o país aparente ser desencorajador com base apenas no custo, aqueles que valorizam mais os seus outros benefícios acharão o país mais atractivo. A Amazon.com abriu um centro de desenvolvimento de *software* na Cidade do Cabo em 2005 e a IBM tem planos para abrir um centro de atendimento em Joanesburgo para clientes empresariais.

Outros países estão a posicionar-se para as multinacionais com algum sucesso. Marrocos actualmente acolhe centros de assistência a clientes e de processamento de *back office* que trabalham para várias grandes empresas de França e Espanha, que requerem colaboradores fluentes no seu idioma. A vizinha Tunísia tem utilizado a sua força de trabalho estável e de baixo custo, infra-estruturas modernas e regulações que facilitam os negócios para atrair empresas como a Siemens, a GE Capital Bank e a Wanadoo, o fornecedor de serviços de Internet. O Vietname oferece licenciados bem formados em Matemática, que falam francês, inglês, alemão ou russo e não exigem salários elevados. (Eles esperam um salário inicial apenas ligeiramente mais elevado do que os operários não qualificados na China.) Atraída por estas vantagens, a World'Vest Base, uma empresa sedeada em Chicago que fornece informações de mercado a investidores em todo o mundo, contratou cerca de 50 jovens licenciados, na sua maioria mulheres, na cidade de Ho Chi Minh para procurarem informações na Internet.

NAVEGAR NO MERCADO DE TRABALHO GLOBAL

Os problemas que os pólos concorridos enfrentam, conjugados com a emergência de muitos mais países capazes e com vontade de fornecer serviços deslocalizados, significam que a escolha de um local se tornou mais complicada. Cada empresa precisa de um processo para comunicar com precisão o que necessita de um local de deslocalização e avaliar todos os locais que podem satisfazer essas necessidades no futuro a um custo e risco aceitáveis. Tal envolve avaliar as condições actuais e a forma como as condições dinâmicas da oferta e da procura nos mercados de trabalho locais irão provavelmente afectar a operação da empresa ao longo do tempo. (Ver "Factores para a escolha de um local" no final do capítulo.)

Uma empresa deverá ponderar as informações que tem sobre locais alternativos com base na importância relativa dos factores que determinam a sua decisão de deslocalização. Se a necessidade de talento de baixo custo for o ímpeto principal, então as informações sobre este factor devem pesar mais. Mas muitas empresas quererão dar um peso substancial a outros factores, como a dimensão do mercado acessível a partir de um determinado local ou a probabilidade de os gestores expatriados quererem viver nesse local. O resultado deste processo é uma simples classificação de potenciais locais, baseada numa compreensão muito mais abrangente dos seus atractivos relativos do que aquela que as empresas hoje têm. (Ver "Comparação objectiva de locais", no final do capítulo)

Esta forma de abordagem rigorosa não é apenas importante para as empresas que instalam a sua primeira operação deslocalizada. As empresas que adicionam novas operações para além daquelas que já possuem, bem como as empresas que apostam na estratégia de fornecedor – isto é, a subcontratação de uma função ou processo a um fornecedor deslocalizado independente – também irão beneficiar dessa análise.

Uma empresa que já tenha uma rede global extensiva de operações pode, compreensivelmente, considerar justificável instalar uma nova operação num local que já conhece, sem uma análise mais detalhada. A utilização de recursos existentes de gestão, de infra-estruturas e de contactos governamentais num local familiar diminui, obviamente, o risco de um novo projecto no estrangeiro. Mas o familiar pode não ser necessariamente o melhor para o negócio. Uma empresa de pacotes de *software* sedeada nos EUA tinha uma grande preferência pela instalação de um centro deslocalizado na Índia. No entanto, uma análise rigorosa e objectiva dos potenciais locais demonstrou que um centro de serviços instalado numa cidade na China tinha um valor actual claramente superior do que um na Índia. A razão: o centro ajudaria a empresa a ganhar acesso ao, apreciavelmente maior, mercado interno chinês ao providenciar conhecimento local valioso, contactos e experiência de gestão.

De forma semelhante, a Intel decidiu em Novembro último abrir o seu próximo centro de desenvolvimento de *software* no estrangeiro em Córdoba, na Argentina, em vez de expandir os seus actuais centros de desenvolvimento de *software* na China e na Rússia. A Intel argumentou que o plano estratégico da Argentina para estimular a sua indústria de *software*, que inclui isenções fiscais para empresas tecnológicas e maiores investimentos na educação e investigação, influenciou a sua decisão.

As empresas que escolhem fazer a subcontratação a fornecedores locais podem sentir que o seu tempo seria melhor utilizado a analisar os termos de oferta de fornecedores concorrentes do que a ponderar as vantagens e desvantagens de locais concorrentes. Mas, a não ser que a empresa compreenda as dinâmicas dos locais onde os fornecedores operam, ela não estará apta a perceber se os fornecedores serão capazes de satisfazer as suas necessidades em determinado tempo. Onde for possível substituir facilmente os fornecedores, este factor pode ser menos ponderado. Mas a substituição de fornecedores também envolve custos extra e exige muita atenção da equipa de gestão.

Uma empresa global de serviços financeiros utilizou essa abordagem na escolha de um fornecedor deslocalizado para executar os seus processos de *back office* em finanças e contabilidade. O seu conselho de administração tinha uma forte preferência para utilizar um fornecedor na Índia. Todavia, a empresa decidiu considerar outros fornecedores e analisou vários locais na Índia, na Europa de Leste e na Ásia. O facto de conhecerem as circunstâncias dos mercados de trabalho nas várias cidades permitiu à equipa de gestão colocar aos fornecedores concorrentes questões detalhadas sobre os seus planos para lidar com o aumento dos salários ou a rotatividade do emprego no caso de os seus mercados de trabalho sobrelotarem. Por exemplo, o fornecedor teria um plano de contingência para abrir novos locais no mesmo país ou mudar-se para uma cidade num país diferente? Estava a planear expandir a oferta de potencial mão-de-obra através da formação de pessoal menos qualificado dentro da empresa? Esta linha de interrogação levou a empresa a seleccionar um candidato que tinha a maioria das suas operações numa cidade na Europa de Leste e serviços de *backup* na Ásia.

Um processo para a escolha de locais que esteja profundamente enraizado nas necessidades únicas de uma empresa levará diferentes empresas a efectuarem escolhas diferentes. Em muitos dos casos, esta abordagem pode resultar em decisões que são contra-intuitivas ou que desafiam os pressupostos originais.

Para aqueles muito avessos ao risco, um pólo concorrido conhecido pode ser o local mais racional para uma grande nova operação. Considere a decisão recente de um banco regional, de média dimensão, de estabelecer um centro deslocalizado que irá contratar 1.500 profissionais de tecnologias de informação num pólo concorrido indiano. Apesar do mercado de trabalho sobrelotado da cidade, ainda assim o banco atribuiu-lhe a primeira classificação num total de dez locais que avaliou. O banco conhecia a cidade: tinha tido aí um centro deslocalizado que tinha dado trabalho a umas quantas centenas de pessoas para as suas funções de *back office* nos últimos dez anos. Alguns dos principais concorrentes tinham grandes operações na área semelhantes à nova operação que o banco queria estabelecer, pelo que o banco que entrava sabia que podia recrutar as competências de que necessitava. O clima e a cultura locais agradavam aos gestores expatriados do banco. Existiam voos directos de e para a sua cidade. Finalmente, os executivos do banco estavam confiantes que, mesmo assim, conseguiriam alcançar uma vantagem substancial a nível de custos mesmo que tivessem de pagar consideravelmente mais, futuramente, para atrair e reter talento. (Existe agora uma diferença de 80 por cento entre os salários dos engenheiros de *software* da cidade originária do banco e os da cidade indiana. Mas os executivos calcularam que, mesmo que a inflação salarial dos engenheiros de *software* indianos subisse repentinamente, ainda existiria uma diferença de 40 por cento em 20 anos.) Era provável que os custos noutros locais permanecessem baixos durante muito tempo, mas devido ao maior peso que o banco atribuiu ao risco e outros factores, o pólo concorrido conhecido foi o vencedor.

As empresas que são um pouco menos avessas ao risco encontrarão provavelmente um conjunto apelativo de alternativas aos pólos concorridos, mesmo que o custo seja a sua maior preocupação. Uma companhia aérea norte-americana, que procurava um novo local para a sua área de assistência ao cliente, classificou 16 cidades em países com salários baixos e países com salários elevados com base em seis critérios. A empresa ponderou a 40 por cento os custos na sua decisão e havia cidades na Índia e na China nos primeiros dois lugares nesse factor apenas. Quando todos os critérios foram considerados, contudo, outras cidades em muitos outros países ficaram logo atrás dessas cidades na Índia e na China. Em vez de fazer a subcontratação da operação a um fornecedor na Índia, a intenção original do conselho de administração, a equipa encarregada de escolher o local está agora inclinada para um fornecedor no Brasil, devido ao ambiente mais atractivo para se viver e às melhores infra-estruturas.

CONSTRUIR UM MERCADO SUSTENTÁVEL

Ao darem mais atenção à forma como os potenciais locais de deslocalização podem servir as suas necessidades especiais e não seguirem apenas as outras, as empresas podem posicionar-se para alcançar vantagens maiores e de longo prazo. Uma dessas vantagens é o custo de mão-de-obra mais baixo nos países em desenvolvimento em geral. A expansão do mercado deslocalizado para incluir muitas novas cidades irá fazer com que os níveis salariais dos jovens profissionais aumentem suave e gradualmente nos mercados emergentes. Mesmo os aumentos nos pólos concorridos existentes serão controlados.

As empresas norte-americanas e da Europa Ocidental não serão as únicas beneficiárias destas tendências. Muitas cidades e países que têm, até agora, desempenhado apenas um papel menor no mercado de trabalho global emergente irão também beneficiar. As operações deslocalizadas irão providenciar-lhes empregos e capital muito necessitados. Os licenciados com espírito empresarial terão oportunidades para desenvolver as competências e a experiência de gestão que necessitam para se iniciarem nos seus próprios negócios locais e servir quer as empresas estrangeiras, quer as nacionais. O resultado será uma classe média, em crescimento, de profissionais e um crescimento económico em aceleração que ajudará países em dificuldades a vencerem a pobreza. Ao alargarem a procura de talento com salários baixos, as empresas norte-americanas e da Europa Ocidental podem ajudar esses países, além de se ajudarem a si próprias.

Factores para a escolha de localização

Para tomarem a decisão correcta na escolha de locais de deslocalização, as empresas deverão reunir informação detalhada sobre vários factores:

Custo:
- Mão-de-obra: salários médios actuais para trabalhadores qualificados e gestores.
- Infra-estruturas: custos unitários para as redes de telecomunicações, acesso à Internet e electricidade.
- Imobiliário: custo de espaço de escritório de classe A.
- Impostos sobre a empresa: o total da carga tributária ou, de modo contrário, as isenções de impostos e outros incentivos de investimento local.

Disponibilidade de competências:
- Grupo com competências: dimensão da força de trabalho com as qualificações necessárias.
- Dimensão do sector deslocalizado: volume de negócios e quota de emprego no sector, bem como a quota desses serviços como percentagem do total de exportações.
- Oferta de fornecedores: dimensão do sector local que fornece serviços de TI e outras funções do negócio.

Contexto:
- Apoio do governo: política sobre o investimento estrangeiro, legislação laboral, carga burocrática e regulatória e nível de corrupção.
- Contexto empresarial: compatibilidade com cultura e ética empresariais dominantes.
- Ambiente para se viver: qualidade global de vida, prevalência da infecção por VIH e crimes violentos *per capita*.
- Acessibilidade: tempo de viagem, frequência de voos e fuso horário.

Mercado potencial:
- Atractividade do mercado local: PIB e taxa de crescimento actual do PIB.
- Acesso a mercados próximos: no país de acolhimento e na região adjacente.

Perfil de risco:
- Eventos disruptivos: risco de greve laboral, instabilidade política e desastres naturais.
- Segurança: riscos à segurança pessoal e à propriedade por fraude, crime e terrorismo.
- Risco regulatório: estabilidade, rectidão e eficiência do enquadramento jurídico.
- Risco macroeconómico: inflação, flutuação do câmbio e liberdade de circulação de capitais.
- Risco da propriedade intelectual: força do sistema de protecção de dados e da propriedade intelectual.

Qualidade das infra-estruturas:
- Telecomunicações e TI: período de indisponibilidade da rede, tempo de restabelecimento do serviço, conectividade.
- Imobiliário: disponibilidade e qualidade.
- Transportes: escala e qualidade da rede rodoviária e ferroviária.
- Electricidade: fiabilidade do fornecimento de energia.

Comparação objectiva de locais

A abordagem do McKinsey Global Institute para a comparação de potenciais locais de deslocalização pode ajudar os executivos a tomarem decisões com base em factos e não na mera intuição, preferências pessoais ou experiência passada. Nem todas as empresas terão os recursos para reunir toda a informação detalhada que recomendamos. Não há problema. O que importa mais é que se reúnam dados suficientes para se conseguir uma compreensão das vantagens e desvantagens dos potenciais locais.

1. Elaborar uma lista extensa de possíveis locais

Todas as empresas terão as suas razões para enveredar por um projecto deslocalizado – a necessidade de reduzir custos, encontrar novas fontes de receita ou assegurar novas fontes de talento, por exemplo. As empresas terão ainda algumas aversões gerais – por exemplo podem não gostar da ideia de instalar um novo projecto num fuso horário distante ou numa região conhecida pela sua instabilidade política. Com considerações destas em mente, uma empresa pode elaborar uma lista de cerca de oito cidades candidatas em três a cinco países diferentes.

2. Definir os critérios de decisão

O nosso estudo demonstra que as empresas recorrem, geralmente, a seis factores-chave para descrever o seu local de deslocalização ideal: o custo global da operação; a disponibilidade das qualificações que procuram; o potencial de vendas do mercado nacional e dos mercados adjacentes; o risco intrínseco de efectuar negócios naquele local; a atractividade do contexto empresarial e do ambiente para se viver; e a qualidade das infra-estruturas. Na escolha de possíveis locais da sua longa lista, uma empresa terá necessidade de considerar um conjunto de subcritérios. Por exemplo, a qualidade global das infra-estruturas de uma cidade depende da fiabilidade da sua rede de telecomunicações e da rede eléctrica, da disponibilidade de bons espaços de escritórios e do estado das rodovias e das ferrovias.

3. Reunir informação sobre cada potencial local

Algumas informações serão quantitativas, como o custo da mão-de-obra para os vários níveis de competência que a empresa necessita. Algumas serão mais qualitativas, como as análises de risco. Mas uma empresa pode fazer avaliações objectivas, mesmo para critérios qualitativos, através de consulta às fontes de informação correctas. Na análise de risco de um local, por exemplo, fontes de informação possíveis incluem a classificação das relações industriais da Economist Intelligence Unit, o índice de segurança pessoal e propriedade privada do World Competitiveness Yearbook, e a tabela de índices de risco de desastre do Programa das Nações Unidas para o Desenvolvimento.

Alguns dados, como o potencial do mercado interno, serão aplicáveis a todos os locais num determinado país. Mas, em muitos casos, a informação pode variar significativamente entre cidades, incluindo entre cidades de um mesmo país. Quais são os custos locais da mão-de-obra, telecomunicações, energia e imobiliário? Qual a carga tributária local? A cidade é propensa a inundações?

Os gestores classificam um determinado local (digamos, numa escala de 1 a 5) em cada factor.

4. Dar maior relevância aos critérios que são mais importantes para a empresa

As empresas devem atribuir um nível de relevância a todos os critérios para que a classificação final reflicta a sua importância relativa. Um banco baseado na Europa que desejava entrar em novos grandes mercados atribuiu uma maior relevância a critérios que avaliam o mercado potencial, por exemplo, enquanto uma instituição financeira dos EUA, que procurava um local para um centro de TI para servir os seus clientes norte-americanos, ponderou mais o custo, as infra-estruturas e o risco, em particular o risco associado à segurança pessoal.

A atribuição de uma relevância adequada a cada critério é uma tarefa subjectiva. Mas essa é a virtude da abordagem: a discussão permite aos gestores alcançarem um entendimento partilhado desses factores que irão maximizar a receita, minimizar o custo, ou ambos, para a actividade em questão. Esta é uma discussão que as equipas de gestão devem manter, mesmo que não efectuem todos os cálculos.

5. Classificar os locais por ordem da sua atractividade para a empresa

O próximo passo é multiplicar a pontuação de cada critério pela sua respectiva relevância e, de seguida, fazer a média dos resultados ponderados para obter a classificação final para cada local em consideração. Assim, a equipa encarregada da escolha do local pode identificar as duas ou três cidades que podem qualificar-se como os melhores locais.

6. Avaliar a dinâmica do conjunto da mão-de-obra

O último teste para a lista final de cidades é avaliar se a oferta de talento local é sustentável. As empresas devem estimar a oferta e a procura futuras por jovens profissionais e gestores intermédios nas ocupações que a empresa mais provavelmente recrutará a nível local. Utilizando informação das escolas locais e entrevistas a executivos de RH que conhecem a cidade, as empresas podem chegar a uma estimativa aproximada de quantos jovens irão concluir os estudos nas escolas locais nos próximos cinco anos em áreas relevantes, que fracção desses irá provavelmente adaptar-se a um ambiente multinacional e qual a facilidade de preencher os lugares ainda vagos com licenciados de outras cidades no mesmo país. Os planos de outras empresas para aumentar ou construir novos centros deslocalizados na cidade darão uma ideia do crescimento futuro da procura. A análise dos movimentos recentes nos níveis salariais e das taxas de rotatividade ilustrará se a oferta local de mão-de-obra numa determinada área vocacional já estará limitada. Esta informação ajudará também as empresas a fazer previsões mais sustentadas sobre por quanto tempo os níveis salariais actuais se irão manter nas ocupações relevantes.

Harvard Business Review, Junho de 2006.

8

A DESLOCALIZAÇÃO NOS EUA: REPENSAR A RESPOSTA

Diana Farrell e Jaeson Rosenfeld

SÍNTESE:

O proteccionismo é a resposta errada à deslocalização.

Contrariamente ao que defende a opinião popular, apenas 11 por cento dos empregos nos EUA poderiam ser deslocalizados de forma exequível e apenas uma pequena fracção desses empregos é que será efectivamente deslocalizada.

O impacto da deslocalização nos salários dos EUA é imperceptível e os seus efeitos no emprego são muito pequenos quando comparados com a rotatividade normal da mão-de-obra na economia.

Manter políticas abertas ao comércio é essencial se os EUA pretendem continuar a usufruir não só dos benefícios da deslocalização, mas também do fluxo de investimento directo estrangeiro que recebe – o maior no mundo – e do seu substancial excedente comercial nos serviços.

Contudo, os programas norte-americanos de apoio à reintegração no activo devem ser alargados para facilitar a transição daqueles norte-americanos cujos empregos são eliminados pela deslocalização.

As empresas dos EUA lideram o mundo no que respeita à deslocalização de empregos de "colarinho branco" para países com salários baixos. Hoje, essas empresas empregam mais de 900 mil colaboradores deslocalizados de serviços, fazendo de tudo, desde desenvolvimento de *software* a responder a questões de clientes e a fazer investigação. Estima-se que, até 2008, as empresas dos EUA dêem trabalho a mais de 2,3 milhões de colaboradores deslocalizados de serviços (ver "Tendência na mão-de-obra deslocalizada mundial, 2003-2008"). A recente votação da opinião pública dos EUA na revista *Foreign Affairs* revelou uma preocupação alargada com os efeitos no mercado de emprego norte-americano.[1] Alguns responsáveis políticos reagiram, exigindo legislação para limitar a deslocalização e alguns estados já adoptaram essa legislação.

A tentativa de proteger empregos desta forma é um erro. Um novo estudo do McKinsey Global Institute demonstra que o número de empregos que podem ser executados remotamente é muito menor do que o que é normalmente presumido.[2] Nos EUA, não mais do

Tendência da mão-de-obra deslocalizada mundial, 2003-2008

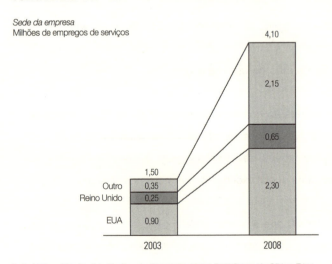

Fonte: McKinsey Global Institute, *The Emerging Global Labor Market, Part I: Demand for Offshore Talent.*

que várias centenas de milhares de empregos por ano serão perdidos para a deslocalização. Este é um número muito inferior à taxa normal de rotatividade de emprego na economia: 4,7 milhões de norte-americanos começaram um novo emprego só no mês de Maio de 2005.[3] Devido a esta escala limitada, o impacto da deslocalização nos níveis salariais será também insignificante.

A tentativa de evitar a deslocalização das empresas irá privar as economias com salários elevados dos múltiplos benefícios que esta oferece. As poupanças de custos conseguidas com a deslocalização permitem às empresas investir em tecnologias de nova geração, criando empregos no país de origem e no estrangeiro. A concorrência global melhora as competências das empresas: as empresas de *software* dos EUA melhoram o seu desempenho ao competirem com a China, tal como os *call centers* o fazem através da concorrência com a Índia. E a recusa em adquirir serviços fornecidos a partir do estrangeiro servirá de convite à retaliação. Dado que os EUA detêm um *excedente* comercial nos serviços e são líderes mundiais na atracção de investimento directo estrangeiro, são quem mais tem a perder numa guerra de trocas comerciais de serviços.

Não há dúvida que a manutenção de um mercado aberto nos serviços traz benefícios substanciais às economias desenvolvidas (ver "Será a deslocalização uma forma de comércio prejudicial?" no final do capítulo).[4] Mas nenhum desses benefícios actuais flui directamente para aqueles que, inquestionavelmente, sofrem em resultado disso – os trabalhadores cujos empregos foram deslocalizados. Isto não enfraquece o argumento a favor do comércio livre; pelo contrário, justifica uma mudança no debate. Em vez de se tentar limitar a deslocalização, é preciso distribuir-se os benefícios desta nova forma de comércio de modo mais ponderado. As empresas e os governos podem – e devem – ajudar os cidadãos a conviver com uma taxa mais rápida de mudança de emprego. Em conjunto, devem oferecer oportunidades de reconversão profissional e de aprendizagem educacional ao longo da vida, seguros sobre salários e benefícios de saúde e reforma portáteis.* Agir assim, custará apenas uma fracção dos benefícios económicos que a deslocalização irá trazer.

POUCO IMPACTO NO EMPREGO E NOS SALÁRIOS

Dado que as indústrias de serviços representam quase 80 por cento do emprego e praticamente todos os novos empregos gerados nos EUA, as preocupações sobre a perda de empregos devido ao fenómeno da deslocalização são compreensíveis. Os alarmistas alegam que quase todos os empregos de serviços podem ser executados remotamente, com recurso aos avanços tecnológicos e às telecomunicações, e que os salários irão diminuir em resultado disso. Mas a realidade é bastante diferente.

O RITMO DA DESLOCALIZAÇÃO É EVOLUCIONÁRIO, NÃO REVOLUCIONÁRIO

O nosso estudo mostra que, mesmo em teoria, apenas 11 por cento de todas as funções de serviços nos EUA poderiam ser executados no estrangeiro. Isto deve-se fundamentalmente ao facto de uma grande percentagem dos empregos de serviços – por exemplo acondicionamento de produtos nas prateleiras, cuidados dentários e de saúde e instalação de redes – requerer interacções presenciais, pessoais, com os clientes ou a presença física do colaborador. Em dois dos maiores sectores da economia de serviços – cuidados de saúde e retalho – apenas oito e três por cento dos trabalhos, respectivamente, poderiam ser executados remotamente por esse motivo. E as indústrias que detêm a maior percentagem de trabalhos que poderiam ser executados remotamente – pacotes de *software* (49 por

---

* N. T. "Portáteis" neste contexto significa que acompanham o trabalhador quando este muda de emprego, continuando a aplicar-se no novo.

cento) e serviços de TI (44 por cento) – representam apenas um ou dois por cento do emprego total (ver "Quantidade de empregos que teoricamente podem ser deslocalizados").

Adicionalmente, apenas uma pequena fracção das funções de serviços que poderiam ser, teoricamente, executadas remotamente o serão de facto. Existem várias razões para isso. Primeiro, cerca de um terço dos colaboradores norte-americanos trabalham em empresas com menos de cem colaboradores e essas empresas não têm escala suficiente para justificar o custo envolvido numa deslocalização. Para uma empresa com, digamos, apenas três a cinco colaboradores nas finanças e na contabilidade, as potenciais poupanças de custos salariais com a transferência de trabalhos para a Índia são demasiado pequenas para justificar o tempo de gestão e o esforço necessários.

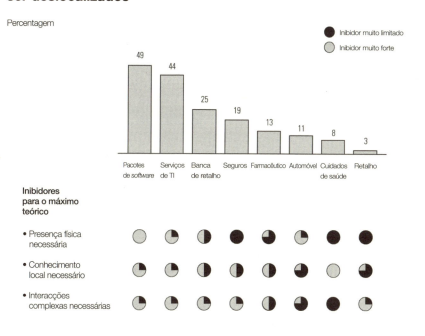

Mesmo empresas de maiores dimensões descobrem que a deslocalização é mais complexa do que esperavam. Muitas dessas empresas necessitariam de colocar em prática um pacote completo de medidas para aperfeiçoarem e adaptarem os seus processos e sistemas de informação antes de a deslocalização ser possível. O sistema de cuidados de saúde dos EUA, por exemplo, é dominado por processos em suporte de papel que teriam de ser simplificados e digitalizados; as empresas seguradoras e os bancos teriam de integrar os seus sistemas informáticos com os sistemas dos fornecedores de serviços no estrangeiro. Outras empresas têm pouca experiência global e isto torna-as hesitantes a dar emprego a colaboradores deslocalizados. Na verdade, o nosso estudo descobriu que a resistência da equipa de gestão é o principal factor que trava a deslocalização nos dias de hoje e não as regulações governamentais.

Adicionalmente, o local mais apropriado para muitos dos empregos que poderiam, em teoria, ser executados remotamente *continuará* a ser os EUA. O nosso estudo mostra que as empresas consideram um grande número de factores além do custo da mão-de-obra quando decidem onde instalar uma actividade e depois atribuem diferente relevância a cada um deles. Estes factores incluem o perfil de risco do local, a qualidade das suas infra-estruturas, a dimensão do mercado interno, custos não salariais, o ambiente empresarial e para se viver, e a disponibilidade de fornecedores.[5] Devido às suas infra-estruturas de electricidade e de telecomunicações fiáveis e de baixo custo, ao seu enorme mercado interno e baixo risco político, os EUA continuam a ser a escolha mais lógica para muitas empresas que não colocam o custo bem acima de outros factores. Esta é a razão por que o país atrai tanto investimento criador de empregos de empresas estrangeiras.

A PERDA DE EMPREGOS SERÁ LIMITADA

Todos estes factores significam que apenas uma fracção dos empregos que poderiam ser potencialmente deslocalizados o será efectivamente. Estimamos que as empresas dos EUA irão criar 200 mil a 300 mil empregos deslocalizados por ano nos próximos 30 anos. O nosso estudo mostra que, até 2008, a deslocalização afectará menos de dois por cento de todos os empregos de serviços.

É importante ter em consideração que os trabalhos executados nos países com salários baixos não representam, necessariamente, perda de empregos no país de origem. De facto, muitos destes empregos não seriam viáveis a níveis salariais mais elevados. Considere o caso da E-Telecare, um fornecedor para um *call center* nas Filipinas. A empresa tem um gestor por cada oito operadores de assistência ao cliente, comparativamente com o rácio de 1:20 ou mais em *call centers* comparáveis nos EUA. Uma companhia aérea dos EUA descobriu que, devido aos níveis salariais mais baixos na Índia, poderia contratar colaboradores adicionais para tratar de dívidas mais pequenas do que aquelas que antes conseguia tratar. Outro exemplo é o facto de mais jornais estarem agora a digitalizar números anteriores, já editados, porque os salários deslocalizados fazem com que seja mais económico.

Existe cada vez mais evidência, além das nossas próprias conclusões, de que a deslocalização não implicará uma perda em massa de empregos. O US Bureau of Labor Statistics reporta que apenas um por cento dos despedimentos nos serviços envolvendo mais de 50 colaboradores no primeiro trimestre de 2004 se deveu a fenómenos de deslocalização. Um novo estudo académico de Mary Amiti e Shang Jin Wei confirma que, nos EUA e no Reino Unido, os sectores dos serviços sujeitos a fenómenos de deslocalização não têm registado perda líquida de empregos. Dito de outra forma, estes sectores estão a criar tantos – ou mais – empregos do que aqueles que são deslocalizados.[6]

IMPACTO IMPERCEPTÍVEL NOS SALÁRIOS

Porque a deslocalização tem um impacto tão limitado no mercado de trabalho nos EUA, o efeito nos salários do país será insignificante. Este é o caso mesmo na indústria informática e de processamento de dados, um dos sectores mais afectados pela deslocalização. Nos EUA, o emprego geral nessa indústria tem crescido acima de dois por cento ao ano desde 2000, comparativamente com 0,4 por cento para o resto da economia. Embora muitas funções de programação tenham sido deslocalizadas, têm sido criadas mais posições para analistas de sistemas e engenheiros de *software* nos EUA. E os salários médios têm, na verdade, *aumentado* a um ritmo mais rápido do que no resto da economia, dado que os novos empregos têm maior produtividade e criam mais valor (ver "Mudança em direcção a ocupações de maior valor acrescentado nos serviços de *software* e de TI").[7]

Mudança em direcção a ocupações de maior valor acrescentado nos serviços de *software* e de TI

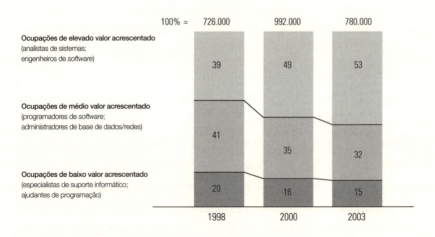

Fonte: U.S. Bureau of Labor Statistics; Occupational employment survey (OES); McKinsey Global Institute.

De facto, o novo estudo de Brad Jensen e Lori Kletzer mostra que os sectores dos serviços que enfrentam concorrência comercial internacional, como a edição de *software* e a indústria de operações com valores, têm sido melhores em termos de funções e salários do que sectores que não têm concorrência, como os jornais ou a gestão de resíduos.[8] Entre 1999 e 2003, o emprego cresceu 7,6 por cento ao ano em serviços comercializáveis comparativamente com 6,7 por cento ao ano em serviços não comercializáveis. Os salários são cinco a dez por cento mais elevados nas indústrias de serviços comercializáveis. Os autores concluem que a exposição dos serviços ao comércio é consistente com a construção de uma vantagem competitiva norte-americana.

POR QUE MOTIVO A DESLOCALIZAÇÃO É POSITIVA PARA OS EUA

As preocupações sobre a perda de empregos resultante de deslocalizações desviaram a atenção dos benefícios substanciais que estas geram. Estudos anteriores do MGI mostraram que, por cada dólar de custo em serviços que as empresas norte-americanas deslocalizam, é criado em retorno um valor de pelo menos 1,14 dólares para a economia norte-americana.[9] Esta é, na verdade, uma estimativa conservadora, dado que assume que apenas dois terços dos trabalhadores encontram novos empregos nos seis meses seguintes, como tem acontecido ao longo tempo. Mas os factos sugerem que a estrutura de custos mais barata que as empresas conseguem alcançar através da deslocalização resulta em novas oportunidades de negócio que, por sua vez, levam à criação de mais empregos.

Uma grande parte do benefício da deslocalização é alcançada pelas empresas. Por cada dólar de custo que as empresas norte-americanas deslocalizam, em média poupam 58 cêntimos de dólar e, contudo, recebem serviços em grande medida idênticos – e por vezes até melhores. Isto dá-lhes a possibilidade de investir em novas tecnologias e oportunidades de negócio que criam empregos, quer no país de origem, quer no estrangeiro, e de distribuir parte das poupanças aos accionistas (na forma de maiores dividendos) e clientes (na forma de preços mais baixos e melhor qualidade).

O que é sem dúvida ainda mais importante, a deslocalização permite às empresas melhorar a sua competitividade aproveitando competências distintas no estrangeiro.[10] Por exemplo, os *designers* de *software* e microcircuitos sem fios chineses, os fabricantes de computadores portáteis de Taiwan e os *call centers* filipinos têm algumas das capacidades mais sofisticadas do mundo. Ao deslocalizar as suas operações para a China, um fabricante norte-americano de electrónica triplicou a produtividade da sua produção e, ao mesmo tempo, reduziu os tempos de ciclo de desenvolvimento de produto e os defeitos. Numa era de concorrência global, as empresas não podem permitir-se deixar escapar estas oportunidades.

Os EUA também beneficiam da deslocalização, porque estão frequentemente no lado *receptor* final de empregos e investimento. Em 2004, os EUA receberam 121 mil milhões de dólares de investimento directo de empresas estrangeiras, o maior investimento directo do mundo.[11] As subsidiárias estrangeiras providenciaram empregos para 5,4 milhões de trabalhadores norte-americanos em 2002 – cinco por cento de todos os empregos no sector privado. Também foram responsáveis por 14 por cento das despesas de I&D no sector privado norte-americano em 2002 e 20 por cento do total das exportações dos EUA.[12] Exemplos de tais investimentos incluem a abertura de um centro de I&D da Novartis em Boston e a mudança da sede da Philips Electronics para o mercado dos sistemas globais médicos para Andover, no estado norte-americano de Massachusetts.

Com as indústrias de serviços mais desenvolvidas e competitivas do mundo, os EUA têm mais a ganhar do que qualquer outro país com o livre comércio de serviços. Os EUA continuam a manter uma balança comercial excedentária nos serviços, mesmo com a Índia. Em 2003, os EUA exportaram 15 mil milhões de dólares a mais em serviços de negócios do que o que importaram.[13] (Ver "O resto do mundo deslocaliza serviços para os EUA e para o Reino Unido".) Os negociadores norte-americanos para as trocas comerciais mundiais há muito que defendem um comércio mais livre nos serviços, precisamente porque existem tantas empresas nos serviços financeiros, de contabilidade, jurídicas, de consultoria e serviços de TI, apenas para enumerar algumas, que têm a beneficiar com essa abertura. Os negociadores devem continuar a insistir na sua argumentação – o MGI demonstrou que os EUA poderiam eliminar até um terço do seu défice actual se os países da União Europeia importassem tantos serviços dos EUA quanto os EUA importam.

O resto do mundo deslocaliza serviços para os EUA e para o Reino Unido

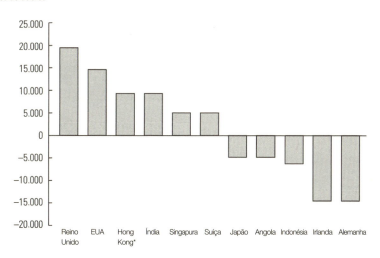

Excedente ou défice líquido no comércio de serviços de negócios, 2003
Milhões de dólares

Fonte: Amiti e Wei "Dymystifying"; IMF, *Balance of Payment Statistics Yearbook*, 2003.

---

* N. T. Região Administrativa Especial de Hong Kong.

Finalmente, o ritmo de crescimento da força de trabalho norte-americana irá abrandar nos próximos anos à medida que os *baby boomers** se reformarem, reduzindo assim o rácio entre trabalhadores e reformados. De acordo com os dados do US Census Bureau, as empresas norte-americanas terão de sobreviver com menos 15,6 milhões de trabalhadores até 2015. Isto significa que terão de melhorar a produtividade e a utilização de mão-de-obra deslocalizada pode ser uma parte da solução – mesmo que seja apenas uma pequena parte.

ALTERAR O DEBATE

É óbvio que a deslocalização e a abertura ao comércio gera benefícios substanciais para a economia. Mas é também inquestionável o facto de que se está a pagar um preço em termos de segurança do trabalho individual. Os trabalhadores enfrentam uma taxa de rotatividade no emprego ainda maior do que antes. Em vez de uma única carreira em uma ou duas empresas, a maioria dos trabalhadores nos EUA, e em outras economias desenvolvidas, sabe hoje que pode ter de procurar emprego junto de vários empregadores, talvez até em diferentes áreas, e esse ajustamento é difícil.

Em economias competitivas e liberalizadas, com mercados de trabalho flexíveis, irão existir muitos novos empregos. De acordo com a OCDE, os EUA têm a taxa de reintegração no activo mais elevada do mundo por um factor de quase dois. A permanência da abertura à deslocalização e ao investimento estrangeiro irá estimular novos empregos. Não obstante, os trabalhadores precisam de ajuda para lidar com o ritmo acelerado de mudança de emprego que acompanha essa abertura.

---

* **N. T.** Pessoas que nasceram aquando da grande explosão demográfica ocorrida nos EUA sensivelmente entre 1945 e 1965.

Mais do que tentar evitar a deslocalização, os governos e as empresas deveriam, consequentemente, concentrar a sua atenção em conceber programas que facilitem a transição dos trabalhadores dispensados pelo comércio e em ajustar as políticas de educação para preparar os cidadãos para carreiras mais flexíveis.

FACILITAR A TRANSIÇÃO DOS TRABALHADORES DISPENSADOS

Dados históricos mostram que nem todos os trabalhadores que perderam os seus empregos irão encontrar outros rapidamente e muitos dos que conseguirão terão de aceitar reduções de salários. Um estudo de J. Bradford Jensen e Lori Kletzer da Universidade de Califórnia, em Santa Cruz,[14] mostra que mais de 75 por cento dos trabalhadores de serviços que perdem os seus empregos devido ao comércio encontram novos empregos nos seis meses seguintes; no entanto, o salário médio daqueles que se empregam novamente é 11 por cento inferior ao salário médio que auferiam antes, reflectindo uma perda de antiguidade e experiência, e o facto de que alguns mudam para novas áreas.[15]

Os EUA já têm algumas políticas em prática para dar assistência a trabalhadores dispensados pelo comércio e outros factores, mas estes não são suficientes. O maior plano é o seguro de desemprego, que absorve 80 por cento do orçamento para trabalhadores dispensados. Trabalhadores a tempo inteiro dispensados involuntariamente recebem até 26 semanas de subsídio que, em média, corresponde a 50 por cento dos rendimentos que auferiam no emprego anterior. Desde a ratificação do Workforce Investment Act em 1998, também tem sido oferecido a esses trabalhadores um conjunto de serviços activos de reintegração através de centros de emprego. Estes serviços incluem apoio na procura de emprego, aconselhamento e acesso a formação (frequentemente através de *vouchers* de formação).

Além disso, os EUA têm duas políticas especificamente concebidas para trabalhadores dispensados pelo comércio: os programas Trade Adjustment Assistance (TAA) e Alternative Trade Adjustment Assistance (ATAA). Há dois factores que motivam os programas especiais de ajustamento comercial: primeiro, são utilizados frequentemente como ferramentas nas negociações do Congresso sobre acordos de comércio livre; segundo, se indústrias inteiras estão a sofrer com a concorrência no comércio, então os trabalhadores podem sofrer períodos de desemprego mais prolongados e perdas salariais mais agressivas quando dispensados. O programa TAA prolonga os subsídios de desemprego em 52 semanas e oferece programas de formação e créditos para cuidados de saúde aos trabalhadores dispensados pelo comércio para os ajudar a adquirir uma competência que minimize a perda dos seus salários. O programa ATAA providencia um seguro de salário após a reintegração, um subsídio de reintegração e crédito para formação. Infelizmente, nem o TAA nem o ATAA têm cumprido as suas aspirações. O orçamento de formação do TAA tem ficado frequentemente aquém das necessidades e os beneficiários do TAA permaneceram uma média de 80 semanas no desemprego no período 2001-2003, contra uma média de 14,1 semanas para todos os operários dispensados. Adicionalmente, os seus rendimentos nos seus novos empregos eram 21 por cento mais baixos, comparativamente com uma redução de 20 por cento nos rendimentos de todos os operários dispensados. Entretanto, o programa ATAA apenas incluiu 288 participantes em 2001-2003.[16]

Com gastos de apenas 0,5 por cento do PIB para todas as políticas de assistência aos trabalhadores dispensados, os EUA estão certamente classificados nos últimos lugares entre os orçamentos destinados a esta área pelos países desenvolvidos – o Reino Unido gasta 0,9 por cento do PIB, a Alemanha 3,1 por cento e a Dinamarca 3,7 por cento. No entanto, os EUA têm a maior taxa de rotatividade de emprego entre os países desenvolvidos. Um maior investimento em várias políticas poderia facilitar muito a transição dos trabalhadores dispensados para um novo emprego. Por exemplo, os créditos para formação de reconversão oferecidos aos trabalhadores iriam criar um incentivo para contratar trabalhadores dispensados. Adicionalmente, a formação no emprego tem demonstrado ter uma taxa interna de rentabilidade de 10-26 por cento, a maior taxa entre todas as formas de formação.[17] Os subsídios para educação ao longo da vida dão aos trabalhadores a oportunidade de obterem competências procuradas no mercado, em particular em áreas em crescimento na economia, como os serviços de saúde, de educação e serviços sociais.[18] Estes programas são mais eficazes quando destinados à obtenção de qualificações com uma relevância clara para o emprego, como competências em matemática ou ciências.[19] Os planos de seguro de saúde portáteis e os subsídios de reforma são também essenciais para que os trabalhadores mudem de emprego com mais frequência.

As empresas que beneficiam da deslocalização também têm uma responsabilidade para com os trabalhadores dispensados. Os pacotes generosos de compensação são uma forma óbvia de os ajudar. As empresas podem também financiar planos de seguros de salários que perfaçam parte ou toda a diferença entre os salários anteriores e os novos salários desses trabalhadores, encorajando-os, assim, a regressar à força de trabalho rapidamente e evitar o desemprego de longa duração. Com base numa proposta de Lori Kletzer e Robert Litan,[20] o MGI calculou que as empresas norte-americanas podiam garantir até 70 por cento dos salários perdidos para todos os trabalhadores dispensados pela deslocalização, bem como oferecer-lhes subsídios para cuidados de saúde até dois anos, a um custo de apenas quatro a cinco por cento das poupanças de custos obtidas com a deslocalização, no mesmo período.

Além disso, os responsáveis políticos podem considerar alargar o seguro de salário a todos os trabalhadores dispensados, independentemente da causa se dever ao comércio, à automatização, à reestruturação da empresa ou a outros factores. A globalização e os avanços na tecnologia exigem uma força de trabalho mais flexível e fluida do que antes e torna-se determinante para o bem-estar do país dar às empresas essa flexibilidade. Mas não existe qualquer razão para que sejam os trabalhadores a suportar individualmente o preço dessa flexibilidade. Lael Brainard, Robert Litan e Nicholas Warren recomendam um seguro de salário que dê cobertura a 30-70 por cento da perda do salário durante dois anos para todos os trabalhadores a tempo inteiro dispensados involuntariamente com dois ou mais anos de antiguidade. Este plano custaria apenas entre 1,5 mil milhões e sete mil milhões de dólares, dependendo da sua configuração, o que representa apenas 12 a 50 dólares por trabalhador ao ano.[21]

Os sindicatos, a pensar no futuro, estão já a começar a incentivar a adopção desta abordagem em vez de tentarem proteger empregos existentes. Por exemplo, a empresa de TI norte-americana Computer Sciences Corporation (CSC) assinou um acordo com o sindicato Amicus, do Reino Unido, através do qual se compromete a reconverter dez mil trabalhadores do Reino Unido quando deslocalizar os seus empregos. Outros acordos semelhantes foram assinados entre sindicatos e bancos no Reino Unido.[22] Este tipo de resposta à deslocalização dá aos membros dos sindicatos uma melhor hipótese de emprego futuro de longa duração do que a luta por preservar os empregos existentes a todo o custo.

PREPARAR AS PESSOAS PARA MAIS MUDANÇAS DE EMPREGO DURANTE A SUA VIDA ACTIVA

A globalização está a produzir mudanças mais frequentes e mais drásticas na procura de mão-de-obra por parte das empresas e é fundamental preparar as pessoas para trabalhar nesse tipo de economia. Isso irá exigir alterações ao sistema educacional dos EUA e uma nova abordagem às mudanças na carreira.

Os estudantes necessitarão de um conjunto mais alargado de competências para além das técnicas. Enquanto os empregos de TI, que apenas requerem conhecimentos técnicos, podem muito bem ser deslocalizados, os empregos que exigem conhecimento do negócio, trabalho em equipa e interacções com os utilizadores da tecnologia irão continuar a crescer no país de origem. Por exemplo, aos analistas de sistemas e aos engenheiros de *software* nos EUA continuará a ser exigida a instalação e a personalização de redes informáticas para as empresas, mesmo que sejam os programadores informáticos na Índia a escrever as linhas de código. (Esta é a razão por que o US Bureau of Labor Statistics prevê que o emprego em ocupações relacionadas com a informática irá continuar a crescer e por que, apesar da deslocalização, atingiu um pico de cinco anos no último trimestre de 2004).

A engenharia, as ciências computacionais e outros programas científicos das universidades norte-americanas devem adaptar os seus currículos em resposta a estas mudanças e aumentar a proporção de outras disciplinas que os estudantes frequentam durante os seus cursos. A compreensão da forma como as TI podem ser aplicadas em várias áreas pode ser bem mais importante do que o conhecimento especializado de determinadas ferramentas tecnológicas. Os estudantes irão precisar de combinar competências em TI com conhecimento de negócio, psicologia e antropologia, por exemplo. Em resposta a mudanças na economia, várias universidades norte-americanas já estão a oferecer programas multidisciplinares em "ciência dos serviços", que combinam discernimentos de engenharia, computação, ciências sociais e economia, e permitirão aos estudantes desenvolver inovações que irão melhorar a produtividade dos grandes sectores dos serviços na economia.

Ao mesmo tempo, as associações industriais, os sindicatos e as empresas podem cooperar para ajudar os trabalhadores a antecipar alterações de empregos. Estas entidades podem, por exemplo, monitorizar as ocupações onde a procura está a aumentar – na saúde, nos serviços de negócios, nas comunicações e no entretenimento – e traçar carreiras potenciais para trabalhadores que mudem para estas áreas. Pode ser necessário exigir-se aos programadores de *software* que se tornem analistas de sistemas; os radiologistas podem ter de tornar-se especialistas no tratamento da diabetes.[23] Em vez de deixar aos trabalhadores individuais a identificação das oportunidades e a sua qualificação para as agarrar, as empresas e os sindicatos podem identificar que passos são necessários para essa mudança. Os subsídios para educação ao longo da vida e a oportunidade para a reconversão da carreira são também fundamentais.

CONTINUAR ATRACTIVO PARA O INVESTIMENTO DE DESLOCALIZAÇÃO

Embora os EUA sejam os líderes mundiais na recepção de investimento de deslocalização de empresas estrangeiras, ainda necessitam de tomar precauções para conseguir manter esta posição invejável e compensar os empregos perdidos para a deslocalização. Duas fraquezas potenciais são as infra-estruturas de telecomunicações e os custos crescentes na saúde. A qualidade e largura de banda das redes sem fios nos EUA ficam atrás da maioria das redes noutros países desenvolvidos – e mesmo atrás de algumas redes em mercados emergentes. Os EUA caíram para a décima sexta posição mundial em conectividade de banda larga. Ao mesmo tempo, os custos na saúde com os colaboradores têm vindo a aumentar – em 38 por cento entre 2001 e 2004 – e isso está a impor uma carga elevada nos empregadores.[24] Os CEO e outros executivos mencionam regularmente os custos crescentes com subsídios à saúde como um factor na sua decisão de deslocalização. Os responsáveis políticos norte-americanos não podem evitar debruçar-se sobre estes dois temas se for intenção do país continuar a atrair o investimento estrangeiro.

Os receios sobre a perda de empregos e os cortes salariais nos EUA devido à deslocalização são muito exagerados. O proteccionismo pode salvar alguns empregos no curto prazo, mas tem como efeito reprimir a inovação e a criação de empregos no longo prazo. Em vez de tentar parar a globalização, o objectivo deverá ser facilitar as mudanças a que esta obriga.

Será a deslocalização uma forma de comércio prejudicial?

Em 2004, Paul Samuelson, vencedor do Prémio Nobel da Economia em 1970, publicou um artigo recordando aos seus leitores que, em certas circunstâncias, o comércio livre pode desgastar a vantagem competitiva dos países ricos e deixá-los numa posição pior.[a] Ele apresenta um modelo teórico com dois países (um com salários elevados, outro com salários baixos) e dois bens (um de elevado valor acrescentado e outro de baixo valor acrescentado). Ele demonstra que, se o país com salários baixos tiver uma enorme força de trabalho que consiga produzir o bem de elevado valor acrescentado e se a sua produtividade relativa nesse bem aumentar, as condições de comércio do país desenvolvido irão deteriorar-se significativamente e, assim irão deixar o país numa pior posição.

Será que este modelo se aplica hoje à deslocalização? Os nossos dados sugerem que não.[b] Primeiro, apesar das suas grandes populações, os países com salários baixos não têm hoje um grande número de licenciados *com as qualificações necessárias para trabalhar numa empresa multinacional* (uma aproximação para a sua capacidade de produzir os bens de elevado valor acrescentado). Apesar de terem um maior número de licenciados do que os países com salários elevados, em média apenas 13 por cento desses licenciados poderiam trabalhar

---

a) Paul Samuelson, "Where Ricardo and Mill rebut and confirm arguments of mainstream economists supporting globalization", *Journal of Economic Perspectives*, Vol. 18, N.º 3, Verão de 2004, pp. 135-146.
b) Outros economistas concordam. Consultar Jagdish Bhagwati, Arvind Panagariya e T. N. Srinivasan, "The muddles over outsourcing", *Journal of Economic Perspectives*, Vol. 18, N.º 4, Outono de 2004, pp. 93-414.

para uma empresa multinacional. Como resultado, o número de trabalhadores com qualificações comparáveis nos países com salários elevados ultrapassa largamente o número desses trabalhadores nos países com salários baixos. Os EUA, por exemplo, têm dez vezes mais trabalhadores qualificados do que a China.

Adicionalmente, a taxa actual tem estado, e vai continuar a estar, a um nível demasiado baixo para que tenha um impacto adverso nas condições de comércio de um país desenvolvido. De facto, investigadores académicos têm demonstrado que, desde 1990, as condições de comércio para os EUA têm permanecido estáveis, ou até melhoraram ligeiramente.[c] Finalmente, a nossa investigação demonstra que a deslocalização envolve mais frequentemente a relocalização das partes de menor valor acrescentado de um processo de negócio em países com salários baixos e não serviços de elevado valor acrescentado. Isto reforça, mais do que degrada, a vantagem da produtividade dos países de elevados custos salariais.

Assim, mesmo num modelo de comércio com dois países e dois bens, a insinuação de que a deslocalização é uma forma de comércio prejudicial não encontra suporte nos nossos dados. Adicionalmente, no mundo real, os países comercializam não só dois mas muitos serviços, criando até mais oportunidades para a especialização e para o desenvolvimento de uma vantagem competitiva.

McKinsey Global Institute, Outubro de 2005.

---

c) Consultar Avisnash Dixit e Gene Grossman, "Samuelson says nothing about trade policy", comentário colocado na página pessoal de Avisnah Dixit em www.princeton.edu/dexitak/home/CommentOnSamuelson.pdf.

9

COMO A FRANÇA E A ALEMANHA PODEM BENEFICIAR DA DESLOCALIZAÇÃO

Diana Farrell

SÍNTESE:

A deslocalização em França e na Alemanha, ao contrário do que acontece nos EUA, não representa actualmente um ganho líquido para as suas economias.

Apesar de terem menos opções de escolha de locais com salários baixos, devido aos requisitos linguísticos, as empresas francesas e alemãs podem poupar custos, bem como evitar barreiras de mercado no país de origem que impeçam a inovação, através da deslocalização.

No entanto, a reintegração no activo de trabalhadores dispensados pela deslocalização continua a ser um desafio para estas economias, especialmente para a Alemanha. Políticas de trabalho mais flexíveis seriam uma solução.

A França e a Alemanha poderiam transformar as suas perdas líquidas devido à deslocalização em ganhos, se adoptassem as reformas económicas estruturais que os dois países necessitam.

As empresas da Alemanha e da França beneficiam da deslocalização de empregos de serviços para países com salários baixos. Contudo, nem a Alemanha nem a França conseguem obter um ganho líquido em resultado disso. No entanto, isto é um sintoma de problemas económicos subjacentes que os dois países precisam de enfrentar, não um sinal para restringir a deslocalização.

Uma sondagem[1] recente mostra que 40 por cento das 500 maiores empresas da Europa Ocidental começaram a deslocalizar as suas operações de serviços para o estrangeiro. Isto deveria ser uma boa notícia para a economia da região. Um estudo do McKinsey Global Institute mostra que a deslocalização de empregos de serviços pode criar riqueza, quer para a economia que exporta os empregos, quer para a economia que recebe esses empregos.[2]

No entanto, a deslocalização não tem essas consequências nem na França nem na Alemanha. O MGI descobriu que, por cada euro de investimento que as empresas francesas ou alemãs realizam no exterior, só 86 cêntimos desse valor reverte para a economia francesa e 80 para a economia alemã. No entanto, a economia norte-americana recebe aproximadamente 1,15 dólares em nova riqueza por cada dólar de despesa que as empresas norte-americanas realizam no estrangeiro, o que torna a deslocalização um jogo em que ambas as partes ficam a ganhar* (ver "Impacto económico da deslocalização dos serviços nos EUA, na Alemanha e em França").

Os trabalhadores de "colarinho branco" em França e na Alemanha, anteriormente protegidos da concorrência global, estão ansiosos, pois receiam que a deslocalização os faça perder os seus empregos. Os responsáveis políticos nos dois países estão, compreensivelmente, inclinados a restringir a prática. Mas os seus efeitos negativos são sintomáticos de problemas económicos mais profundos que merecem atenção.

---

* **N. T.** No original, *win-win game*.

Impacto económico da deslocalização dos serviços nos EUA, na Alemanha e em França

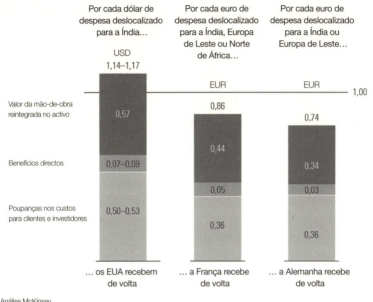

Fonte: Análise McKinsey.

Um crescimento muito lento do PIB e do emprego enfraquece os dois países. Para conquistar um crescimento mais rápido e criar mais empregos, os responsáveis políticos precisam de eliminar quaisquer barreiras do mercado de produtos que dificultem a concorrência e a inovação, e introduzir políticas de trabalho mais flexíveis. Um resultado dessas medidas será uma maior taxa de reintegração no activo de trabalhadores dispensados. E com uma maior taxa de reintegração no activo, as economias dos dois países irão transformar as suas perdas derivadas da deslocalização em ganhos financeiros líquidos.

A deslocalização é uma forma importante de as empresas reduzirem os seus custos, melhorarem a qualidade das suas ofertas e continuarem competitivas nos mercados globais. Por estas razões, enquanto os governos podem e devem ajudar a aliviar a situação difícil de qualquer trabalhador dispensado devido à deslocalização, a imposição de restrições à própria deslocalização seria a forma errada de os responsáveis políticos franceses e alemães responderem aos problemas que a deslocalização coloca. Pelo contrário, eles devem deixar as empresas livres para correr atrás das oportunidades de deslocalização e concentrar-se em promover as reformas económicas estruturais que os dois países necessitam. O sucesso desses esforços irá, automaticamente, transformar a deslocalização de um fardo num benefício para ambas as economias.

O IMPACTO ECONÓMICO DA DESLOCALIZAÇÃO

Em Agosto de 2003, o MGI publicou uma análise dos benefícios económicos, quer directos, quer indirectos, da deslocalização de serviços de *back office* e de funções de TI dos EUA para a Índia.[3] Dos benefícios directos, o MGI descobriu que por cada dólar de despesa que as empresas norte-americanas transferem para a Índia são criados globalmente até 1,46 dólares em nova riqueza. Desses, a Índia recebe 33 cêntimos, através de salários pagos aos trabalhadores locais, de lucros ganhos pelos prestadores de subcontratação indianos e seus fornecedores, e em impostos adicionais cobrados pelo governo. A economia norte-americana capta os restantes 1,13 dólares através de poupanças nos custos, maiores exportações para a Índia, lucros repatriados dos fornecedores deslocalizados nos quais as empresas norte-americanas investiram e do resultado económico adicional criado quando os trabalhadores norte-americanos são reintegrados em outros empregos.

Mas uma análise semelhante mostra que a Alemanha capta apenas 80 cêntimos por cada euro de despesa realizada em funções de serviços que se deslocalizaram e a França apenas 86. Para compreender essas diferenças, considere como a deslocalização cria riqueza para uma economia (ver "Benefícios da deslocalização para as economias da França, da Alemanha ou dos EUA").

Benefícios da deslocalização para as economias da França, da Alemanha ou dos EUA

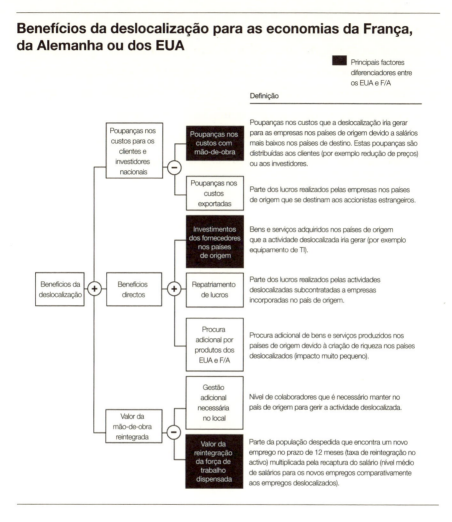

POUPANÇAS NOS CUSTOS PARA AS EMPRESAS

Nos EUA, as empresas poupam 58 cêntimos por cada dólar de despesa em funções de serviços de *back office* e empregos de TI que deslocalizam para a Índia. Estas poupanças podem ser reinvestidas em novas oportunidades de negócio com maior valor acrescentado, transmitidas aos clientes na forma de preços mais baixos (que depois estimulam o crescimento da procura) ou distribuídos aos accionistas.

As empresas alemãs poupam apenas 52 cêntimos por cada euro de despesa em empregos que deslocalizam para a Índia, porque as diferenças linguísticas e culturais fazem com que seja mais caro coordenar estes projectos de deslocalização. Por estas razões, as empresas alemãs enviam a maioria do seu trabalho deslocalizado para a Europa de Leste. Mas aí, essas empresas poupam ainda menos.[4] Os salários e os custos de infra-estruturas são mais elevados na Europa de Leste, uma desvantagem apenas parcialmente compensada pelos menores custos em telecomunicações, pelas menores margens para os prestadores de subcontratação da Europa de Leste e pelas taxas de imposto mais baixas.[5] Fazendo a média das poupanças entre a Índia e a Europa de Leste, as empresas alemãs poupam 48 cêntimos por cada euro de despesa que deslocalizam.

As empresas francesas empenhadas na deslocalização poupam ainda menos. Estas empresas têm tendência a estabelecer os empregos deslocalizados não na Índia mas na Europa Central e no Norte de África, onde abundam pessoas fluentes em francês mas os salários são mais elevados. Consequentemente, recuperam apenas 36 cêntimos em custos poupados com cada euro gasto nos locais de deslocalização (ver "Custos laborais nos locais de deslocalização").

FLEXIBILIDADE ADICIONAL PARA AS EMPRESAS

É apenas num único aspecto – flexibilidade adicional para as empresas no posicionamento da mão-de-obra e para responder a alterações na procura – que a deslocalização ajuda as empresas alemãs mais do que as empresas norte-americanas e provavelmente acontecerá o mesmo com as empresas francesas. A legislação alemã, severa relativamente ao despedimento de trabalhadores e à criação de novas categorias de emprego, faz com que as empresas alemãs tenham mais dificuldade em adaptar a utilização da mão-de-obra do que as empresas norte-americanas. Como resultado, é mais provável que os alemães enfrentem

Custos laborais nos locais de deslocalização

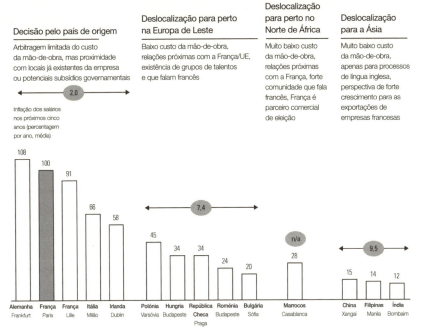

* Paris = 100 (79,744 euros), custo de mão-de-obra total incluindo despesas da empresa, média de sete perfis em três funções (contabilidade, RH, TI).
Fonte: Base de dados McKinsey sobre a atractividade dos destinos.

problemas de reduzida taxa de utilização e de ajustamento da sua força de trabalho para corresponder à mutabilidade das circunstâncias de mercado. A utilização de mão-de-obra estrangeira dá a essas empresas uma maior flexibilidade para experimentar novas ideias e responder às alterações de mercado. Embora não nos seja possível quantificar a dimensão desse benefício, entrevistas com CEO alemães e outros CEO europeus sugerem que esse benefício pode ser substancial para muitas empresas. As empresas alemãs e francesas conseguem obter com a deslocalização um maior controlo sobre o uso da sua mão-de-obra do que as empresas baseadas nos EUA, onde as regulações sobre o trabalho já são menos restritivas.

NOVAS RECEITAS PARA A ECONOMIA

A deslocalização pode, também, aumentar os ganhos derivados da exportação de um país, gerando assim riqueza económica. Os prestadores de serviços subcontratados – quer façam negócio na Índia, na Polónia, sejam subsidiárias de empresas multinacionais ou empresas independentes – compram muitos bens e serviços no estrangeiro. Um *call center* em Bangalore, por exemplo, pode adquirir computadores Dell, impressoras HP, *software* Microsoft e telefones Siemens. O MGI estima que por cada dólar de despesa norte-americana que é transferido para a Índia, as exportações norte-americanas para lá aumentam em cinco cêntimos. Esta estatística explica parcialmente a razão pela qual as exportações dos EUA para a Índia aumentaram de 3,7 mil milhões de dólares em 2000 para cinco mil milhões em 2003.

Para as economias europeias, o aumento das exportações de alta tecnologia é um pouco menor, principalmente porque as empresas norte-americanas dominam o sector. Por cada euro de despesa em trabalho deslocalizado para a Índia ou para a Europa de Leste da Alemanha, por exemplo, o MGI estima o ganho de três cêntimos em novas exportações. O benefício para a França é sensivelmente idêntico.

A deslocalização pode também aumentar os lucros repatriados quando as empresas nacionais detêm participações em projectos deslocalizados, como é frequente acontecer. As empresas indianas total ou parcialmente detidas por empresas norte-americanas geram 30 por cento do volume de negócios das indústrias indianas de subcontratação de TI e subcontratação de processos de negócios. Cerca de quatro cêntimos adicionais por cada dólar gasto em serviços de deslocalização para a Índia retornam, assim, para os EUA na forma de lucros repatriados. As empresas alemãs, no entanto, detêm apenas participações insignificantes em prestadores de subcontratação da Europa de Leste e da Índia e, como tal, não recebem essa receita adicional. As empresas francesas estão numa posição ligeiramente melhor a esse respeito, mas a França ganha um total de apenas cinco cêntimos da combinação de um aumento das exportações para locais de deslocalização com os lucros repatriados dos fornecedores deslocalizados (comparativamente com nove cêntimos para os EUA).

VALOR DO REPOSICIONAMENTO DOS TRABALHADORES

Nos EUA, muitos daqueles cujo emprego é deslocalizado avançam para outras actividades de maior valor acrescentado. Entre 1979 e 1999, 69 por cento dos trabalhadores norte-americanos que perderam os seus empregos encontraram um novo trabalho nos seis meses seguintes.[6] Em média, esses trabalhadores receberam salários semelhantes nos seus novos empregos (embora cerca de metade tenha visto o seu salário diminuir).

Por cada dólar de trabalho deslocalizado, a economia norte-americana recebe 57 cêntimos pelo rápido reposicionamento de trabalhadores dispensados em empregos de maior valor acrescentado. Mas a França recebe apenas 44 e a Alemanha apenas 34 cêntimos por euro desta forma, porque os seus mercados de trabalho menos flexíveis e os níveis mais baixos de criação de emprego significam que menos trabalhadores encontram novos empregos rapidamente. Estas são as principais razões por que a deslocalização é, hoje em dia, um prejuízo líquido para as duas economias.

Na Alemanha, apenas 39 por cento dos trabalhadores dispensados encontram um novo emprego no prazo de um ano, comparativamente com os 69 por cento dos EUA. Cerca de 4,3 milhões de alemães estão desempregados, parcialmente como resultado da integração da Alemanha de Leste na República Federal da Alemanha, e o crescimento do emprego é muito lento. Mas se a Alemanha pudesse melhorar a sua taxa de reintegração no activo para igualar a taxa verificada nos EUA, a deslocalização criaria 1,05 euros de valor para a economia alemã por cada euro deslocalizado.

Cerca de 60 por cento dos trabalhadores franceses dispensados encontram novos empregos no prazo de um ano, segundo as nossas estimativas. Mas a França também tem uma elevada taxa de desemprego e um enquadramento de política laboral que lhe dificulta a criação de novos empregos. Tal como na Alemanha, o aumento da taxa de reintegração no activo dos trabalhadores afectados pela deslocalização é o principal desafio que os responsáveis políticos e os empresários franceses enfrentam.

O CAMINHO PARA A REFORMA

As empresas que investem na deslocalização desde cedo irão obter excedentes que lhes permitem criar novos empregos, quer no país de origem, quer no estrangeiro. Aquelas empresas que resistem a esta tendência irão encontrar-se num posição de desvantagem nos custos que irá progressivamente degradar a sua quota de mercado e acabar por destruir empregos no país de origem. Por estas razões, seria um erro despender tempo e esforço a legislar contra a deslocalização.

Em vez disso, os responsáveis políticos na Alemanha e em França deveriam continuar concentrados na criação de um novo impulso para as suas economias e de maior flexibilidade para os seus mercados de trabalho. Se procederem assim, os dois países podem garantir que continuam competitivos na economia global e impulsionar o crescimento do PIB e do emprego que ambos desejam. Adicionalmente, numa economia competitiva e dinâmica, os trabalhadores dispensados serão rapidamente reintegrados no activo, assegurando uma rentabilidade positiva para a economia a partir da deslocalização.

OS DESAFIOS QUE A ALEMANHA ENFRENTA

Desde 1993, o emprego na Alemanha tem aumentado apenas 0,2 por cento ao ano, comparativamente a 1,2 por cento ao ano no resto da União Europeia, e o crescimento económico tem registado uma média de apenas 1,4 por cento ao ano, pouco mais do que metade da média registada para o resto da União Europeia e bastante abaixo da taxa de crescimento norte-americana de 3,3 por cento. Um conjunto variado de restrições de mercado – regulação de preços, leis de urbanismo, subsídios – retraem o crescimento porque distorcem e afectam a concorrência e a inovação.

Os limites nos horários de abertura das lojas, por exemplo, impedem os retalhistas de realizar um melhor serviço e de proporcionar mais emprego, que seria possível com um horário mais alargado. Nos sectores automóvel, comércio de retalho, transporte de mercadorias por estrada e *utilities*, as barreiras regulatórias limitam, directa e indirectamente, o acesso ao mercado, e a concorrência e a inovação são, consequentemente, muito menos comuns do que em economias comparáveis que não têm essas barreiras. Na banca de retalho, os pequenos bancos cooperativos e de capitais públicos com operações de subescala e pouca pressão accionista impedem a consolidação e afectam a concorrência.

Para alcançar o valor total da deslocalização, a Alemanha precisa de criar mais empregos em ocupações de maior valor acrescentado. Tal significa rever toda a regulação inapropriada do mercado de produtos que dificulte a concorrência e a inovação. Sem pressão por parte da concorrência, as empresas têm poucos incentivos para inovar e aumentar a produtividade numa base contínua. Embora alguns possam pensar que uma maior produtividade significa menos empregos, os factos mostram que, na verdade, esse aumento irá gerar imediatamente crescimento económico, bem como emprego a longo prazo, em economias maduras e avançadas como as da Alemanha, da França e dos EUA.[7] Uma maior produtividade permite às empresas que a alcançam oferecer aos seus clientes preços mais baixos e mais valor, estimulando assim a procura e permitindo que concorrentes mais produtivos retirem quota de mercado a outros menos produtivos.

Para acelerar a transição dos empregos de hoje para os empregos de amanhã, os responsáveis políticos alemães também precisam de tornar os mercados laborais mais flexíveis. Salários elevados têm contribuído para o fraco crescimento de empregos. Embora não exista salário mínimo na Alemanha, o impacto combinado de tectos salariais mínimos acordados na negociação colectiva e de benefícios sociais para os desempregados de longa duração criam um custo de emprego mínimo efectivo, fazendo com que muitos dos empregos com salários baixos sejam economicamente inviáveis. A criação de "miniempregos" que pagam 400 a 800 euros por mês em regime de trabalho temporário foi idealizada para resolver este problema, mas estudos têm demonstrado que estes empregos têm, essencialmente, canibalizado os empregos a tempo inteiro, mais do que criado novos empregos.[8]

As empresas alemãs são também cautelosas na contratação de novos colaboradores devido à necessidade de obter autorização dos representantes dos trabalhadores. As empresas esperam frequentemente seis meses ou mais para contratar novos colaboradores e o recurso a trabalhadores temporários obriga a uma pesada e obrigatória burocracia. Os procedimentos para o despedimento de colaboradores são igualmente muito burocráticos. Para uma empresa multinacional alemã, uma série de despedimentos demorou duas semanas para concluir nos EUA, quatro semanas no Reino Unido e três meses na Alemanha.[9]

Além disso, a Alemanha poderia beneficiar da adaptação dos seus sistemas de educação para reflectir mais de perto as necessidades de um mercado de trabalho em constante mudança. A deslocalização de empregos de TI pode bem agravar o excesso de capacidade existente no mercado de emprego para os jovens, por exemplo. Mas os engenheiros de TI podem receber formação para desempenharem actividades de maior valor acrescentado, menos comoditizados, que são menos vulneráveis à deslocalização. Um estudo sobre o mercado de trabalho norte-americano entre 1999 e 2003[10] sugere que, embora a deslocalização provavelmente reduza a procura de programadores informáticos de baixo valor acrescentado, o número de engenheiros de *software* e analistas de redes de sistemas a trabalhar em actividades de maior valor acrescentado aumentou de facto bastante no mesmo período de tempo.

IMPULSIONAR A INOVAÇÃO E A CRIAÇÃO DE EMPREGO EM FRANÇA

A deslocalização teve até ao momento um impacto insignificante em França. Entre 2002 e 2004, a deslocalização de empregos representou apenas quatro por cento do total de empregos perdidos — e a grande maioria destes foi na indústria transformadora. Mas à medida que a concorrência global aumenta, é provável que as empresas francesas sigam os seus concorrentes norte-americanos e britânicos na deslocalização à procura de poupanças nos custos de produção.

Para captar plenamente o benefício económico da deslocalização, a França deve primeiro conseguir mais poupanças potenciais nos custos que a deslocalização oferece. O conjunto de destinos de deslocalização altera significativamente o impacto económico líquido da deslocalização no país de origem. As empresas francesas precisam de trabalhadores que saibam falar francês, o que limita a sua escolha de locais de deslocalização. Mas essas empresas ainda têm uma escolha: a deslocalização para os EUA gera potencialmente uma maior poupança de custos do que a deslocalização para alguns destinos na Europa de Leste. A integração da deslocalização na iniciativa Euromed, que iria criar uma área de comércio livre entre países da UE, do Mediterrâneo e do Norte de África, poderia ajudar os países do Norte de África a construir as infra-estruturas e a base de fornecedores necessárias para criar uma alternativa credível à Índia. Isto encorajaria as empresas a deslocalizar para o Norte de África e iria beneficiar, em última análise, os consumidores e investidores franceses.

Os responsáveis políticos devem também acelerar a reintegração no activo de trabalhadores franceses dispensados pela deslocalização. Tal como na Alemanha, isto dependerá do seu grau de sucesso no estímulo à inovação e à criação de empregos de maior valor acrescentado, enquanto aumenta também a flexibilidade do mercado de trabalho. Para estimular a inovação, o governo da França precisa de criar as condições para uma concorrência mais intensiva entre empresas. Num estudo de 2002, o MGI comparou o desempenho de seis indústrias em França, na Alemanha e nos EUA.[11] Descobrimos que a França poderia aumentar significativamente a sua produtividade e o emprego através de uma melhor difusão das inovações, se o governo assegurasse uma concorrência forte e justa e corrigisse as distorções de mercado. Para aumentar a intensidade competitiva em todos os sectores da economia francesa, o governo teria de abrir ainda mais esses sectores a empresas estrangeiras, em particular a empresas fora da Europa, e ajustar as muitas leis sobre mercado de produtos, urbanismo e trabalho que dificultam a concorrência.

Para criar mais empregos, a França deveria olhar para os seus sectores internos de serviços. Os serviços são responsáveis por 70 por cento do emprego total na União Europeia e por quase todos os novos empregos líquidos, pelo que têm maior potencial para criar mais novas posições de maior valor acrescentado. O emprego em sectores como os serviços sociais, o retalho e o turismo, que poderiam fornecer milhões de novos empregos que não podem ser deslocalizados, é menor em França do que noutras economias ocidentais.[12]

Em França, tal como na Alemanha, a grande quantidade de regulações sobre horas de trabalho, salários mínimos e contratação e despedimento de trabalhadores contribui para tornar as empresas relutantes em contratar mais colaboradores. O salário mínimo comparativamente generoso da França, por exemplo, levou a indústria de retalho a recorrer mais à automatização e menos à mão-de-obra. Como resultado, os retalhistas franceses dão trabalho a metade das pessoas em comparação com os retalhistas norte-americanos, atendendo à proporção da população do país. A via para criar um mercado de trabalho mais flexível é através da modernização da regulação social e de trabalho.

As regulações do trabalho e os salários mínimos têm o objectivo social muito importante de proteger os trabalhadores. Mas isso pode ser conquistado mais adequadamente por mecanismos que encorajem, e não que desencorajem, o emprego, como incentivos financeiros para os desempregados que regressam ao trabalho ou para as empresas que os contratam. Adicionalmente, os responsáveis políticos podem concentrar-se em categorias específicas de trabalhadores que perdem o seu emprego devido à deslocalização para os ajudar a encontrar outro trabalho.

Dado que os trabalhadores nos *back offices* dos bancos de retalho, por exemplo, têm tendência a ser relativamente idosos, sem qualificações e mulheres – tudo factores que diminuem a taxa de reintegração no activo – muitos terão provavelmente dificuldade em encontrar um novo emprego. Os responsáveis políticos que compreendem os perfis das pessoas e das ocupações mais afectadas (programadores de *software*, operadores de *call centers*, trabalhadores em serviços de *back office*) deveriam ser capazes de desenvolver programas específicos para aumentar a taxa de reintegração no activo e reduzir o impacto social da deslocalização. Estes programas podem incluir esforços governamentais para a formação em trabalho, incentivos para as empresas contratarem e reconverterem trabalhadores dispensados, apoio à relocalização e planos de seguros patrocinados pelas empresas, transferíveis de um empregador para outro, que compensasse perdas nos salários. Esta assistência à reintegração no activo não só tornará as economias mais flexíveis e resilientes, como também tranquilizará trabalhadores assustados e reduzirá as tensões políticas.

Um crescimento muito lento do PIB e do emprego são, inquestionavelmente, os problemas económicos mais importantes que os responsáveis políticos franceses e alemães hoje enfrentam. Eles não devem permitir que as ansiedades criadas pela deslocalização os distraia da sua principal tarefa: estimular mais concorrência e inovação entre as empresas e tornar os seus mercados de trabalho significativamente mais flexíveis. O sucesso terá o benefício adicional de tornar a deslocalização uma oportunidade para as suas economias como um todo, em vez de apenas para as empresas que deslocalizam.

TONY BLANCO, DIANA FARRELL E ERIC LABAYE
The McKinsey Quarterly, exclusivo na Internet, Agosto de 2005

DIANA FARRELL
The McKinsey Quarterly, 2004, Número 4.

10

GOVERNAR A GLOBALIZAÇÃO

Diana Farrell

A subcontratação deslocalizada de empregos continua a ser alvo de censura, especialmente nos países desenvolvidos. Os seus opositores mais ferozes argumentam que as empresas traem os seus colaboradores ao enviarem trabalho para o estrangeiro. No entanto, estudos mostram que, no seu todo, as economias dos países desenvolvidos beneficiam com esse fenómeno. Assim como as economias dos países em desenvolvimento, onde os novos empregos aliviam a pobreza, melhoram o nível de vida geral e fornecem os meios para se enfrentar os desafios ambientais e de saúde.

Na realidade, o processo de integração económica global – do qual a deslocalização é um componente altamente visível – difunde as melhores ideias de negócio e ferramentas de gestão, intensifica a concorrência e incentiva fortemente a inovação. E, assim, conduz a preços mais baixos e a salários mais altos, bem como a maiores lucros que as empresas podem reinvestir em novas oportunidades de negócio.

Naturalmente, o facto de a integração económica beneficiar a economia global como um todo não quer dizer que beneficie todos os trabalhadores e todas as empresas. Pelo contrário, a deslocalização pode destruir empregos nas economias desenvolvidas e as empresas já estabelecidas nas economias em desenvolvimento podem ficar a perder para os seus concorrentes estrangeiros mais eficientes durante a transição para os métodos modernos de produção. As mais afectadas podem sofrer efeitos negativos e uma perda de estatuto.

Mas por mais compreensível que seja a reacção de proteccionismo a estas dificuldades, ela é mal orientada, pois iria evitar não apenas os problemas mas também os benefícios da deslocalização. Menos compreensível, talvez, é o fracasso das empresas e dos governos em fazer mais para aliviar o sofrimento das suas vítimas. As empresas e os responsáveis políticos, conjuntamente, têm o poder e a responsabilidade de ajudar os trabalhadores a lidar de forma mais flexível e menos dolorosa com as mudanças no emprego.

Nas economias saudáveis, as empresas criam novos empregos – frequentemente com salários mais altos e com maior valor acrescentado para a economia – para a maioria daqueles que perderam o seu emprego. As empresas podem tornar o ajustamento mais fácil para os seus trabalhadores ao comprometerem-se com programas de formação contínua no trabalho e de reconversão na carreira. Os responsáveis políticos podem ajudar as empresas e oferecer àquelas que contratam e formam trabalhadores dispensados um crédito de imposto ou outros incentivos. Pacotes generosos de compensação e relocalização também podem ajudar. Assim como o seguro de salário (ver "Aliviar a dor dos trabalhadores" no Capítulo 4, "Quem ganha com a deslocalização?").

A perda de emprego não é o único problema. Nos EUA, quando as pessoas perdem os seus empregos, uma grande parte do *stress* que sofrem advém da perda de pensões e cobertura de planos de saúde. Um compromisso mais alargado das empresas e responsáveis políticos, trabalhando conjuntamente para aumentar a portabilidade dos planos de saúde e de pensões, faria muito para aliviar a transição daqueles que lidam com a mudança.

Ao tornar a força de trabalho de qualquer país mais flexível, estas políticas permitiriam que a integração económica global e a criação de riqueza ocorressem de forma mais suave. O proteccionismo, pelo contrário, pode salvar alguns empregos no curto prazo, mas dificulta a inovação e a criação de empregos no longo prazo. O objectivo deve ser facilitar, em vez de impedir, a mudança. Para alcançar esse objectivo, os sectores público e privado devem colaborar de perto.

DIANA FARRELL,
McKinsey Quarterly, 2004, Número 3.

NOTAS

CAPÍTULO 1

1. Erica Kinetz, "Who wins and who loses as jobs move overseas?" *New York Times*, 7 de Dezembro de 2003.
2. Manjeet Kripalani e Josey Puliyenthuruthel, "India: Good help is hard to find", *Business Week*, 14 de Fevereiro de 2005.
3. O relatório completo, *The Emerging Global Labor Market*, está disponível, gratuitamente, em www.mckinsey.com/mgi.
4. Os países com salários médios e elevados que estudámos em profundidade foram: Alemanha, Canadá, EUA, Irlanda, Japão e Reino Unido; a Austrália e a Coreia do Sul foram estudadas através de extrapolação. Os países com salários baixos estudados em profundidade foram: Brasil, China, Filipinas, Hungria, Índia, Malásia, México, Polónia, República Checa e Rússia. Outros países com salários baixos estudados foram: África do Sul, Argentina, Bulgária, Chile, Colômbia, Croácia, Eslováquia, Eslovénia, Estónia, Indonésia, Letónia, Lituânia, Roménia, Tailândia, Turquia, Ucrânia, Venezuela e Vietname.
5. US Bureau of Labor Statistics.
6. A excepção é a indústria farmacêutica, onde as regulações que regem o desenvolvimento dos medicamentos são o principal obstáculo à deslocalização.

7. Incluímos aqui engenheiros, especialistas em finanças e contabilidade, profissionais generalistas, investigadores na área das ciências da vida e analistas quantitativos, mas não médicos, enfermeiros e pessoal geral de apoio.
8. Este número (13 por cento) representa uma média ponderada, para todos os países com salários baixos, das respostas à questão: "De cem licenciados com a formação adequada, quantos contrataria se tivesse procura para todos?"
9. Esta é uma estimativa para o limite inferior, dado que os candidatos a emprego mais qualificados serão provavelmente os que terão maior mobilidade e que terão estudado nas grandes cidades.
10. Engenheiros, profissionais de finanças e contabilidade, analistas quantitativos, investigadores na área das ciências da vida, médicos, enfermeiros, generalistas e pessoal de apoio.

CAPÍTULO 2

1. *Strategic Review 2005*, Associação Nacional de Empresas de *Software* e de Serviços da Índia (Nasscom).
2. Consulte o relatório completo, *The Emerging Global Labor Market*, disponível gratuitamente em www.mckinsey.com/mgi; ou Diana Farrell, Martha A. Laboissière e Jaeson Rosenfeld, "Analisar o mercado de trabalho global emergente", Capítulo 1 deste livro.
3. Diana Farrell e Adil S. Zainulbhai, "Um futuro mais rico para a Índia", *O Imperativo da Produtividade*, Actual Editora, 2009, pp. 171-182.
4. Licenciados de todas as áreas de engenharia, com excepção da engenharia civil e da engenharia agrária.
5. Oliver Ryan, "India's top export: Headed back home?", *Fortune*, 13 de Junho de 2005.
6. Diana Farrell, Martha A. Laboissière e Jaeson Rosenfeld, "Analisar o mercado de trabalho global emergente", Capítulo 1 deste livro.
7. Edward Luce, "India to dip into forex reserves to build roads", *Financial Times*, 16 de Outubro de 2004.
8. "The insidious charm of foreign investment", *Economist*, 3 de Março de 2005.

CAPÍTULO 3

1. O relatório completo *The Emerging Global Labor Market* está disponível gratuitamente em www.mckinsey.com/mgi.
2. Os países com salários baixos que estudámos foram: África do Sul, Argentina, Brasil, Bulgária, Chile, China, Colômbia, Croácia, Eslováquia, Eslovénia, Estónia, Filipinas, Hungria, Índia, Indonésia, Letónia, Lituânia, Malásia, México, Polónia, República Checa, Roménia, Rússia, Tailândia, Turquia, Ucrânia, Venezuela e Vietname. Os países com salários médios e elevados que estudámos em profundidade foram: Alemanha, Canadá, EUA, Irlanda, Japão e Reino Unido; a Austrália e a Coreia do Sul foram estudadas através de extrapolação.
3. Todos os ramos, excepto engenharia civil e engenharia agrária.
4. Juhi Bhambal, entrevista com Alan Choi, o director-geral regional da Korn/Ferry para a China, *Global Outsourcing*, 11 de Janeiro de 2005 (www.globaloutsourcing.org).
5. Apenas considerámos as empresas com mais de mil colaboradores. As empresas de capital estrangeiro em Hong Kong, Macau e Taiwan foram excluídas.
6. Esta estimativa é baseada no estudo do MGI sobre a indústria automóvel global, onde 48 por cento de todos os empregos requerem formação superior. Como esta estimativa inclui as funções na sede das empresas, foi reduzida para 30 por cento.
7. Andrew Grant e Georges Desvaux, "Narrowing China's corporate-leadership gap", *China Daily*, 18 de Maio de 2005.
8. Diana Farrell, Antonio Puron e Jaana K. Remes, "Beyond cheap labor: Lessons for developing economies", *The McKinsey Quarterly*, 2005, Número 1, pp. 98-109 (www.mckinseyquarterly.com/links/19110).
9. "Surplus rural laborers hit 150 million", Agência Noticiosa Xinhua, 8 de Abril de 2004 (www.china.org.cn).
10. Yuan-yuan Huang e Hua-li Xu, "Trends in English language education in China", *ESL Magazine*, Novembro/Dezembro de 1999.
11. Li Yuan, "Chinese companies vie for a role in US IT outsourcing", *Wall Street Journal*, 5 de Abril de 2005.
12. A McKinsey irá efectuar um programa-piloto no início de 2006.

CAPÍTULO 4

1. Uma estimativa da Forrester, uma empresa de investigação na área de TI.
2. Uma estimativa consensual das empresas de estudos de mercado Aberdeen Group, Gartner e IDC.
3. "States fight exodus on jobs", *Wall Street Journal*, 3 de Junho de 2003.
4. O estudo estimou a distribuição de receitas dos oito mil milhões de dólares em serviços deslocalizados para a Índia. As estimativas foram compiladas das entrevistas realizadas na indústria e relatórios publicados, quer do lado da oferta, quer do lado da procura.
5. São cobrados impostos de fornecedores de segunda e terceira linha aos prestadores de serviços, bem como sobre os salários recebidos. Os próprios prestadores de serviços gozam de isenção de impostos na Índia.
6. O Bureau of Labor Statistics define despedimento colectivo como 50 por cento ou mais de solicitações de trabalhadores referentes à apólice de seguro para cobertura de desemprego do estabelecimento durante um período de cinco semanas.
7. Ver Lori Kletzer, *Job Loss from Imports: Measuring the Costs*, Washington, DC: Institute for International Economics, 2001. Kletzer comparou os dados do Bureau of Labor Statistics sobre empregos nos sectores não transformadores com dados de comércio para avaliar a deslocalização de empregos em sectores propensos a concorrência estrangeira.
8. Por cada dólar gasto, 72 cêntimos vão para salários e o resto para equipamento, mobiliário, rendas, *utilities*, custos financeiros e outros serviços.

CAPÍTULO 5

1. O relatório completo, *New Horizons: Multinational Company Investment in Developing Economies*, está disponível gratuitamente em www.mckinsey.com/MGI.
2. R. Venkatesan, *Study on Policy Competition among States in India for Attracting Direct Investment*, Nova Deli, Índia: National Council of Applied Economic Research, Janeiro de 2000.
3. Dos três maiores retalhistas globais – Wal-Mart, Ahold e Carrefour – a Wal-Mart e a Ahold utilizam maioritariamente *joint ventures* e aquisições para a sua expansão internacional. O Carrefour utiliza investimentos em instalações novas e, em menor grau, *joint ventures*.

4. Estudos anteriores do MGI demonstraram que, devido em parte às crises económicas recorrentes, a Turquia recebe pouco investimento directo estrangeiro relativamente à dimensão da sua economia. Ver Didem Dincer Baser, Diana Farrell e David E. Meen, "A procura da Turquia por um crescimento estável", *O Imperativo da Produtividade*, Actual Editora, 2009, pp. 99-115.
5. A outra razão para não ter havido um impacto claramente positivo do investimento directo estrangeiro no sistema bancário do Brasil foi o facto de os melhores bancos já serem altamente eficientes, pelo que a concorrência estrangeira tinha menos oportunidades para melhorar o seu desempenho.

CAPÍTULO 6

1. Consultar o relatório do MGI de Outubro de 2003 *New Horizons: Multinational Company Investment in Developing Countries*, disponível gratuitamente em www.mckinsey.com. Durante o projecto de investigação, que durou um ano e que deu origem a este relatório, realizámos profundos *case studies* sobre o investimento directo estrangeiro em cinco sectores (automóvel, electrónica de consumo, banca de retalho, retalho e deslocalização de tecnologias de informação e de processos de negócios) em quatro dos principais países em desenvolvimento (Brasil, China, Índia e México). Estes casos foram a base das nossas descobertas e conclusões.
2. Uma estimativa consensual das empresas de estudos de mercado Aberdeen Group, Gartner e IDC.

CAPÍTULO 8

1. Daniel Yankelovich, "Poll positions", *Foreign Affairs*, Setembro/Outubro de 2005.
2. Consultar "The emerging global labor market" disponível gratuitamente em www.mckinsey.com/mgi, ou Diana Farrell, Martha A. Laboissière e Jaeson Rosenfeld, "Analisar o mercado de trabalho global emergente", Capítulo 1 deste livro.

3. Este número é para ganhos brutos de empregos. Se se subtrair desse número as perdas de empregos, foram criados 2,09 milhões de novos empregos. Fonte: Bureau of Labor Statistics.
4. O vencedor do Prémio Nobel Paul Samuelson tem argumentado que a deslocalização não beneficiará a economia de origem se as condições de comércio para um país se alterarem o suficiente. O nosso estudo mostra, contudo, que isso é improvável. Consultar "Será a deslocalização uma forma de comércio prejudicial?" para mais informação.
5. Criámos uma base de dados com o Índice de Custo de Localização (ICL) que inclui dados de mais de 50 factores que as empresas utilizam quando decidem onde instalar uma actividade.
6. Mary Amiti e Shang-Jin Wei, "Demystifying outsourcing: the numbers do not support the hype over job losses", *Financing & Development*, Dezembro de 2004.
7. No Reino Unido, o emprego no sector cresceu à taxa de 6,6 por cento ao ano entre 1998 e 2004, enquanto diminuiu à taxa de 1,8 por cento ao ano na globalidade das ocupações. No entanto, os salários no sector cresceram ligeiramente menos do que no global.
8. J. Bradford Jensen e Lori G. Kletzer, "Tradeable services: understanding the scope and impact of services offshoring", documento de trabalho, 14 de Julho de 2005.
9. Consultar Martin N. Baily e Diana Farrell, "Exploding the myths of offshoring", *The McKinsey Quarterly*, disponível em www.mckinseyquarterly.com.
10. John Hagel III, "Offshoring goes on the offensive", *The McKinsey Quarterly*, 2004, número 2.
11. Fonte: Conferência das Nações Unidas sobre Comércio e Desenvolvimento (CNUCED).
12. Os dados são do US Bureau of Economic Analysis; 2002 é o último ano disponível. Consultar Matthew J. Slaughter, "Insourcing Jobs: Making the Global Economy Work for America", Universidade de Dartmouth, Outubro de 2004.
13. Amiti e Wei, "Demystifying Outsourcing".
14. Jensen e Kletzer, "Tradable services".
15. Mas mesmo a este nível de reintegração e novos salários, o MGI mostrou que a deslocalização gera um benefício líquido para a economia norte--americana. Consultar Vivek Agrawal e Diana Farrell, "Quem ganha com a deslocalização?", Capítulo 4 deste livro.

16. Muitas das estatísticas sobre o TAA e o ATAA são de Lael Brainard, Robert Litan e Nicholas Warren, "Insuring America's Workers in a New Era of Offshoring"; Brookings Institute Policy Brief 143, Washington, DC, Julho de 2005.
17. Lisa M. Lynch, ed. *Training and the Private Sector: International Comparison* (Chicago: University of Chicago Press 1994).
18. Frank Levy e Richard Munrane, *How Computers are Creating the Next Job Market*, Princeton University Press, Princeton, NJ, 2004.
19. Lisa M. Lynch, "Job Loss. Bridging the Research and Policy Discussion", IZA Discussion Paper, N.º 1518, 2005.
20. Lori Kletzer e Robert Litan, "A prescription to relieve worker anxiety", Policy Brief 01-2, Institute for International Economics, Fevereiro de 2001.
21. Brainard, Litan e Warren, "Insuring America's Workers in a New Era of Offshoring".
22. Andrew Taylor, "IT group agrees landmark jobs deal with union", *Financial Times*, 9 de Agosto de 2005.
23. Jagdish Baghwati, "A new vocabulary for trade", *Wall Street Journal*, 4 de Agosto de 2005.
24. David Wessel, "Capital: Healthcare costs blamed for hiring gap", *Wall Street Journal*, 11 de Março de 2004.

CAPÍTULO 9

1. "Outsourcing takes off in Europe in a major way", *Straits Times*, 21 de Junho de 2004.
2. Consultar Vivek Agrawal e Diana Farrell, "Quem ganha com a deslocalização?", Capítulo 4 deste livro.
3. Vivek Agrawal e Diana Farrell, "Offshoring: Is it a win-win game?", McKinsey Global Institute Perspective, Agosto de 2004. Disponível em www.mckinsey.com/mgi.
4. Pelo facto de países da Europa de Leste importarem mais da Alemanha do que a Índia, o valor global para a economia alemã é ligeiramente superior.
5. Uma sondagem recente a executivos alemães revelou que 59 por cento dos investimentos deslocalizados planeados se destinavam à Europa de Leste. FTE, 26 de Agosto de 2003.

6. Lori G. Kletzer e Robert E. Litan, "A prescription to relieve worker anxiety", Policy Brief 01-2, Institute for International Economics, Washington DC, Fevereiro de 2001 (www.iie.com).
7. Nos países em desenvolvimento, o crescimento económico é por vezes alimentado pelo aumento do montante de capital utilizado. Mas assim que os níveis óptimos de intensidade de capital são alcançados, como aconteceu nas economias avançadas, este caminho para o crescimento é encerrado.
8. Viktor Steiner e Katharina Wrohlich, "Work Incentives and Labor Supply Effects of the 'Minijobs Reform' in Germany", The German Institute for Economic Research, (DIW Berlin), 27 de Fevereiro de 2004.
9. *The Economist*, "How to pep up Germany's economy", 8 de Maio de 2004.
10. M. Baily e R. Lawrence, "Don't blame trade for US job losses", *McKinsey Quarterly*, 2005, Número 1 (www.mckinseyquarterly.com).
11. "Reaching Higher Productivity Growth in France and Germany", McKinsey Global Institute, 2002 (www.mckinsey.com/mgi).
12. Consultar o Relatório Camdessus, "Le Sursault, vers une nouvelle croissance pour la France", La Documentation Française, 2004.

SOBRE OS AUTORES

1) ANALISAR O MERCADO DE TRABALHO GLOBAL EMERGENTE
Diana Farrell foi até Janeiro de 2009 directora do McKinsey Global Institute, altura em que passou a integrar a administração do Presidente norte-americano Barack Obama. **Martha A. Laboissière** é *senior fellow* no McKinsey Global Institute e **Jaeson Rosenfeld** é *external fellow*.

2) ASSEGURAR O FUTURO DA DESLOCALIZAÇÃO NA ÍNDIA
Diana Farrell foi até Janeiro de 2009 directora do McKinsey Global Institute. **Noshir Kaka** é responsável pelo escritório da McKinsey em Bombaim e **Sascha Stürze** é antigo consultor do escritório da McKinsey em Berlim e do McKinsey Global Institute.

3) A APARENTE ESCASSEZ DE TALENTO NA CHINA
Diana Farrell foi até Janeiro de 2009 directora do McKinsey Global Institute e **Andrew Grant** é director do escritório da McKinsey em Xangai.

4) QUEM GANHA COM A DESLOCALIZAÇÃO?
Vivek Agrawal é consultor no escritório da McKinsey em Minneapolis, **Diana Farrell** foi até Janeiro de 2009 directora do McKinsey Global Institute.

5) A VERDADE SOBRE O INVESTIMENTO DIRECTO ESTRANGEIRO NOS MERCADOS EMERGENTES

Diana Farrell foi até Janeiro de 2009 directora do McKinsey Global Institute, onde Jaana Remes é *senior fellow*. Heiner Schulz é antigo consultor do escritório da McKinsey em São Francisco e do McKinsey Global Institute.

6) A DESLOCALIZAÇÃO E ALGO MAIS

Vivek Agrawal é consultor no escritório da McKinsey em Minneapolis; Diana Farrell foi até Janeiro de 2009 directora do McKinsey Global Institute, onde Jaana Remes é *senior fellow*.

7) DESLOCALIZAÇÃO INTELIGENTE

Diana Farrell foi até Janeiro de 2009 directora do McKinsey Global Institute.

8) A DESLOCALIZAÇÃO NOS EUA: REPENSAR A RESPOSTA

Diana Farrell foi até Janeiro de 2009 directora do McKinsey Global Institute. Jaeson Rosenfeld é *external fellow*.

9) COMO A FRANÇA E A ALEMANHA PODEM BENEFICIAR COM A DESLOCALIZAÇÃO

Diana Farrell foi até Janeiro de 2009 directora do McKinsey Global Institute.

10) GOVERNAR A GLOBALIZAÇÃO

Diana Farrell foi até Janeiro de 2009 directora do McKinsey Global Institute.

Gostou deste livro? Oferecemos-lhe a oportunidade de comprar outros dos nossos títulos. O envio é gratuito (correio normal) para Portugal Continental e Ilhas.

	Título / Autor	Preço		Título / Autor	Preço
				Colecção Espírito de Negócios	
☐	*Sociedade Pós-Capitalista* — Peter F. Drucker	19 € + iva = 19,95 €	☐	*Gestão do Tempo* — Polly Bird	18 € + iva = 18,90 €
☐	*Liderança Inteligente* — Alan Hooper e John Potter	19 € + iva = 19,95 €	☐	*O Poder do Pensamento Positivo nos Negócios* — Scott W. Ventrella	18 € + iva = 18,90 €
☐	*O que é a Gestão* — Joan Magretta	19 € + iva = 19,95 €	☐	*A Arte da Liderança Pessoal* — Randi B. Noyes	18 € + iva = 18,90 €
☐	*A Agenda* — Michael Hammer	19 € + iva = 19,95 €	☐	*Comunicar com Sucesso* — Perry Wood	18 € + iva = 18,90 €
☐	*O Mundo das Marcas* — Vários	20 € + iva = 21,00 €	☐	*Persuasão* — Dave Lakhani	18 € + iva = 18,90 €
☐	*Vencer* — Jack e Suzy Welch	21 € + iva = 22,05 €	☐	*Como destruir uma empresa em 12 meses... ou antes* — Luis Castañeda	18 € + iva = 18,90 €
☐	*Como Enriquecer na Bolsa* — Mary Buffett e David Clark com Warren Buffett	16 € + iva = 16,80 €	☐	*Ler Depressa* — Tina Konstant	18 € + iva = 18,90 €
☐	*Vencer (áudio)* — Jack e Suzy Welch	15 € + iva = 18,15 €	☐	*Como gerir pessoas difíceis* — Carrie Mason Draffen	18 € + iva = 18,90 €
☐	*O Diário de Drucker (versão capa mole)* — Peter Drucker com Joseph A. Maciarello	19 € + iva = 19,95 €	☐	*Saber trabalhar melhor* — Mark Gulston	18 € + iva = 18,90 €
☐	*O Mundo é Plano* — Thomas L. Friedman	20 € + iva = 21,00 €	☐	*É hora de decidir* — Michael Useem	18 € + iva = 18,90 €
☐	*O Futuro é Hoje* — John C. Maxwell	19 € + iva = 19,95 €	☐	*A verdade sobre a negociação* — Leigh Thompson	18 € + iva = 18,90 €
☐	*Vencedores Natos* — Robin Sieger	19 € + iva = 19,95 €	☐	*Você, L.da* — Harry e Christine Beckwith	18 € + iva = 18,90 €
☐	*Nunca Almoce Sozinho* — Keith Ferrazzi com Tahl Raz	19 € + iva = 19,95 €	☐	*Reuniões eficazes* — Larry Dressler	18 € + iva = 18,90 €
☐	*Sou Director, e Agora?* — Thomas J. Neff e James M. Citrin	19 € + iva = 19,95 €		**Colecção Harvard Business School Press**	
☐	*O Meu Eu e Outros Temas Importantes* — Charles Handy	19 € + iva = 19,95 €	☐	*Visão Periférica* — George S. Day e Paul J.H. Schoemaker	20 € + iva = 21,00 €
☐	*Buzzmarketing* — Mark Hughes	19 € + iva = 19,95 €	☐	*Questões de Carácter* — Joseph L. Badaracco, Jr.	20 € + iva = 21,00 €
☐	*A Revolução da Riqueza* — Alvin e Heidi Toffler	21 € + iva = 22,05 €	☐	*A estratégia Oceano Azul* — W. Chan Kim e Renée Mauborgne	20 € + iva = 21,00 €
☐	*A Cauda Longa* — Chris Anderson	20 € + iva = 21,00 €	☐	*Síndrome do Macho Alfa* — Kate Ludenman e Eddie Erlandson	20 € + iva = 21,00 €
☐	*Vencer: As Respostas* — Jack e Suzy Welch	19 € + iva = 19,95 €	☐	*O Futuro da Gestão* — Gary Hamel	20 € + iva = 21,00 €
☐	*Um Nível Superior de Liderança* — Ken Blanchard	19 € + iva = 19,95 €	☐	*Cinco Mentes Para o Futuro* — Howard Gardner	20 € + iva = 21,00 €
☐	*Know-How* — Ram Charan	19 € + iva = 19,95 €	☐	*Payback* — James P. Andrew e Harold L. Sirkin	20 € + iva = 21,00 €
☐	*Mavericks no trabalho* — William C. Taylor e Polly LaBarre	20 € + iva = 21,00 €	☐	*Ultrapassar o Impasse* — Timothy Butler	20 € + iva = 21,00 €
☐	*O Poder de uma Hora* — Dave Lakhani	18 € + iva = 18,90 €	☐	*Recomeçar de Novo* — Jeffrey Sonnenfeld e Andrew Ward	20 € + iva = 21,00 €
☐	*A Cauda Longa (áudio)* — Chris Anderson	17 € + iva = 21,57 €	☐	*O Imperativo da Produtividade* — Editado por Diana Farrell	18,85 € + iva = 19,90 €
☐	*Onde Estão os Bons Líderes?* — Lee Iacocca com Catherine Whitney	19 € + iva = 19,95 €		**Colecção Jovem Empreendedor**	
☐	*O Que é o Lean Six Sigma* — Mike George, Dave Rowlands e Bill Kastle	15 € + iva = 15,75 €	☐	*Por que é que os empreendedores devem comer bananas* — Simon Tupman	19 € + iva = 19,95 €
☐	*Correspondência Comercial Eficaz* — John A. Carey	20 € + iva = 21,00 €	☐	*Qualquer um consegue* — Sahar e Bobby Hashemi	19 € + iva = 19,95 €
☐	*Ganhar com a Biodiversidade* — João Pereira Miguel, Luis Ribeiro Rosa e Susana Barros	18 € + iva = 18,90 €	☐	*iWoz* — Steve Wozniak e Gina Smith	21 € + iva = 22,05 €
☐	*O essencial de Drucker* — Peter F. Drucker	20 € + iva = 21,00 €		**Colecção Conceitos Actuais**	
☐	*Andy Grove* — Richard S. Tedlow	21 € + iva = 22,05 €	☐	*Afinal quem são "eles"?* — B.J. Gallagher e Steve Ventura	16 € + iva = 16,80 €
☐	*O Pequeno Livro Vermelho de Respostas Sobre Vendas* — Jeffrey Gitomer	15 € + iva = 15,75 €	☐	*O Tao de Warren Buffett* — Mary Buffett e David Clark	12 € + iva = 12,60 €
☐	*Quente, Plano e Cheio* — Thomas L. Friedman	21 € + iva = 22,05 €	☐	*As leis "não escritas" da gestão* — W.J. King (actualização de G. Skakoon)	12 € + iva = 12,60 €
☐	*A Caixa* — Mark Levinson	21 € + iva = 22,05 €	☐	*Os melhores conselhos de investimento que recebi* — Liz Claman	12 € + iva = 12,60 €
☐	*Controle as regras do jogo* — A.G. Lafley com Ram Charan	20 € + iva = 21,00 €	☐	*A revolução do hamster* — Mike Song, Vicky Halsey e Tim Burress	12 € + iva = 12,60 €
			☐	*Gerir a mudança* — Série Lessons Learned	12 € + iva = 12,60 €
			☐	*Liderar pelo exemplo* — Série Lessons Learned	12 € + iva = 12,60 €

Pode enviar o pagamento por cheque cruzado, ao cuidado de **Conjuntura Actual Editora, Lda.** para a seguinte morada:
Rua Luciano Cordeiro, 123 - 1º Esq. | 1069-157 Lisboa | Portugal
Por favor inclua o nome completo, morada e número de contribuinte.

Os preços, adequados à data em que o livro foi editado e à disponibilidade, podem ser alterados.
Para mais informações visite o nosso *site*: **www.actualeditora.com**